시련과 고비를 딛고
일어서다
독립 전쟁부터 제1차 세계대전까지

미국 ⑬

세계통찰

★ 전쟁으로 일어선 미국 1 ★

시련과 고비를 딛고
일어서다

독립 전쟁부터 제1차 세계대전까지

한솔교육연구모임 지음

솔과나무

1장 미합중국의 탄생을 전 세계에 알린 **독립 전쟁**

유럽 국가들의 식민지 쟁탈전과 중상주의 정책 | 영국과 프랑스의 '7년 전쟁' | 영국의 식민지 수탈 정책 | 영국에 반기를 든 '자유의 아들들' | 보스턴 차 사건 | 영국군과의 일전에서 승리한 미국 민병대 | 영국과의 전쟁을 둘러싼 미국 내부의 정황 | 토머스 페인의 《상식》 | 미합중국의 탄생 | 프랑스의 참전 | 미국의 승리 | 미국의 친영 세력 | 헌법제정회의 | 초대 대통령 조지 워싱턴

6장 전 세계가 휘말려 든 **제1차 세계대전**

왜 미국을
읽어야 할까요?

〈세계통찰〉 시리즈는 다양한 독자에게 세계를 통찰하는 지식과 교양을 전해 주고자 합니다. 미국을 시작으로 중국, 일본, 중남미, 유럽, 아시아, 아프리카 등 오대양 육대주의 주요 국가들에 관한 정치, 경제, 역사, 문화 등 다양한 정보를 제공하여 세상이 움직이는 원리를 독자 스스로 알게끔 하고자 합니다.

지구상에 있는 국가들은 별개가 아니라 서로 연결된 유기체입니다. 여러 나라 가운데 〈세계통찰〉 시리즈에서 미국 편 전 16권을 먼저 출간하는 이유는 유기적인 세계에서 미국이 지닌 특별한 지위 때문입니다. 19세기까지 세계를 호령하던 대영제국의 패권을 이어받은 미국은 20세기 이후 오늘날까지 세계 유일의 초강대국으로 세계를 이끌고 있습니다. 또한 세계 최강의 경제력을 기반으로 자유 시장을 중시하는 자본주의 이념을 전 세계에 전파했습니다. 우리나라를 포함하여 많은 나라가 세계 최대 시장인 미국과 한 무역을 통해 가난을 딛고 경제 성장을 이룰 수 있었습니다. 애플이나 구글 같은 미국 기업이 새로운 산업을 일으키면서 미국은 물론, 전 세계에 수많은 일자리와 자본력을 제공했습니다.

이처럼 전 세계에 커다란 영향을 미치고 있는 미국이라는 나라를 알기 위해 '미국의 대통령'을 시작으로 한 '미국을 만든 사람들' 편을 소개합니다. 대통령제를 기반으로 한 미국식 민주주의는 전 세계로 전파되면서 수많은 국가에 영향을 미치고 있습니다. 제2차 세계 대전 이후 독립한 국가 대부분이 대통령제를 선택하면서 대통령제는 미국을 넘어 많은 국가의 정치 체제로 자리 잡았습니다. 도전 정신과 혁신을 바탕으로 미국 경제를 세계 최강으로 만든 '기업인들' 역시 우리에게 많은 교훈을 줍니다. 세계인의 감성과 지성을 자극하고 있는 '예술인과 지식인'도 이야기의 대상입니다. '사회 문화' 편에서는 미국의 문화를 통해 미국만이 가진 특성을 살펴봅니다. 창의와 자유를 존중하는 사회 분위기는 할리우드 영화, 청바지, 콜라 등 미국만의 문화를 탄생시켰고 이는 전 세계로 확산되어 지구촌의 문화로 자리 잡았습니다. 이제 미국의 문화는 미국인만 누리는 것이 아니라 세계인이 공유하는 것이 되었습니다. '산업' 편에서는 정보 통신, 우주 항공, 에너지, 유통 등 미국의 주력 산업을 통해 오늘날 미국이 세계 경제를 주무르고 있는 비결과 미래에도 미국이 변함없이 강력한 영향력을 행사할 수 있는 이유에 대해 알아봅니다.

'전쟁' 편에서는 미국이 참전한 전쟁을 통해 전쟁이 미국은 물론 세계에 미친 영향에 대해 살펴봅니다. 미국은 전쟁으로 독립을 쟁취했을 뿐만 아니라 세계를 움직이는 새로운 질서를 만들어 냈습니다. 다시 말해 전쟁은 미국이 세계를 뜻대로 움직이는 도구였습니다.

이처럼 미국의 정치, 경제, 문화 등 각 분야는 20세기 이후 지구촌에 막대한 영향을 미치고 있기에 미국에 관한 지식이 없으면 세계를 제대로 이해할 수 없습니다. 미국을 제대로 알게 된다면 세상이 돌아가는 힘의 원리를 더 잘 알 수 있습니다. 〈세계통찰〉 시리즈 미국 편은 '미국을 만든 사람들' 전 6권, '세계의 중심이 된 미국(문화와 산업)' 전 6권, '전쟁으로 일어선 미국' 전 4권으로 이루어져 있습니다. 이렇게 총 16권의 인물, 사회·문화, 산업, 전쟁 등 주요 분야를 다루면서 단편적인 지식의 나열이 아니라 미국의 진면목, 나아가 세계의 흐름을 알 수 있도록 했습니다. 적지 않은 분량이지만 정치, 경제, 문화사에 남을 인물과 역사에 기록될 사건을 중심으로 다양한 예화와 사례를 들어 가면서 쉽고 재미있게 썼습니다. 처음부터 끝까지 차분히 읽다 보면 누구나 미국과 세계의 과거와 현재, 미래를 명확하게 들여다볼 수 있는 통찰력을 지닐 수 있습니다.

세계를 한눈에 꿰뚫어 보는 〈세계통찰〉 시리즈! 길고도 흥미진진한 이 여행에서 처음 만나게 될 나라는 미국입니다. 두근거리는 마음으로 함께 출발해 봅시다!

한솔(한솔교육연구모임 대표)

세상의 변화를 읽고
앞을 내다보는 힘

　미래학자 엘빈 토플러는 "한국 학생들은 하루 10시간 이상을 학교와 학원에서 자신들이 살아갈 미래에 필요하지 않을 지식을 배우고, 존재하지 않을 직업을 위해 아까운 시간을 허비하고 있다."라고 했습니다. 그렇다면 우리는 무엇을 배우고 생각해야 할까요? 수년 안에 지구촌은 큰 위기를 맞이할 가능성이 큽니다. 위기는 역사적으로 늘 존재했지만, 앞으로 닥칠 상황은 미국과 중국의 패권 전쟁의 상황에서 과거와는 차원이 다른 큰 변화가 일어날 것입니다. 2020년 기준 중국은 미국의 70% 수준의 경제력을 보입니다. 구매력 기준 GDP는 중국이 이미 2014년 1위에 올라섰습니다. 세계 최강의 지위를 위협받은 미국은 트럼프 집권 이후 중국에 무역 전쟁이란 이름으로 공격을 시작했습니다. 미국과 중국의 무역 전쟁은 단순히 무역 문제로만은 볼 수 없는 정치, 사회, 경제, 문화가 엮여 있는 총체적 전쟁입니다. 미국과 중국의 앞날을 예측하기 위해서는 경제 분야 외에 정치, 사회, 문화 등을 통합적으로 볼 수 있어야 합니다. 역사는 리듬에 따라 움직입니다. 현재와 비슷한 문제가 과거에 어떤 식으로 일어났는지를 알면 미래를 읽는 통찰력이 생깁니다. 지나온 역사를 통해 세상의 변화를 읽고 앞을 내다보는 힘을 길러야 합니다. 역사를 통해서 남이 보지 못하는 곳을 보고, 다른 사람과 다르게 생각하는 힘을 길러야 합니다.

〈세계통찰〉은 이러한 필요에 따라 세계 주요 국가의 역사, 경제, 사회, 문화 등 다양한 주제를 통해 세계를 이해하는 안목을 심어 주고자 쓰인 책입니다. 솔과나무 출판사는 오대양 육대주에 걸쳐 있는 중요한 나라를 대부분 다루자는 계획 아래 먼저 미국과 중국에 대한 책을 출간합니다. 이는 오늘날 미국과 중국이 정치, 경제, 문화 등 모든 분야를 선도하며 전 세계에 막대한 영향을 미치고 있는 초강대국이기 때문입니다. 〈세계통찰〉 시리즈는 미국과 중국 세계 양 강 대결의 상황에서 미·중 전쟁의 미래를 예측할 수 있는 훌륭한 나침반이 될 수 있습니다.

특히 미국은 정치, 경제, 문화 등 어느 분야로 보아도 세계인의 관심을 가장 많이 받는 나라입니다. 〈세계통찰〉 시리즈 '미국'은 정치, 경제, 사회, 문화 모든 분야에 걸쳐서 시간과 공간을 넘나들며 현재의 미국을 이해할 수 있게 만든 획기적인 시리즈입니다. 인물, 산업, 문화, 전쟁 등의 키워드로 살펴보면서 미국의 역사와 문화, 각국과의 상호 관계를 파악할 수 있는 지식과 읽을거리를 제공합니다. 인물과 사건을 중심으로 이야기를 이어가고 그 과정에서 우리가 오늘날 세상을 살아갈 때 활용할 수 있는 지혜를 담고 있습니다. 단순히 사실 나열에 그치지 않고, 왜 그렇게 되었는지, 그 뒤에는 어떻게 되었는지, 과정과 흐름 속에서 숨은 의미를 찾아냄으로써 유연하고 창의적인 생각을 할 수 있도록 자극합니다. 무엇보다 〈세계통찰〉 시리즈에는 많은 이들의 실패와 성공의 경험이 담겨 있습니다. 앞서 걸은 이들의 발자취를 통해서만 우리는 세상을 보는 통찰력을 키울 수 있다는 사실을 기억했으면 합니다. 미국을 자세히 들여다보면 지구촌 사람들의 모습을 다 알 수 있다고도 합니다. 세계를 이끌어가는 미국을 이해한다는 것은 단순히 한 나라를 아는 것이 아니라 세계를 이해하는 것이기 때문에 〈세계통찰〉 시리즈 미국 편을 통해 모두가 미국에 대해 입체적이고 통합적으로 살펴볼 수 있는 기회를 얻기 바랍니다.

곽석희(청운대학교 융합경영학부 교수)

〈세계통찰〉 시리즈에
부쳐

4차 산업 혁명 시대를 맞이하는 청소년에게 꼭 필요한 지혜

4차 산업 혁명 시대에는 나라 사이의 언어적, 지리적 장벽이 허물어집니다. 견고한 벽이 무너지는 대신 개인과 개인을 잇는 촘촘한 연결망이 더욱 진화합니다. 이제 우리는 다양한 문화 배경을 지닌 친구와 이전과는 완전히 다른 방법으로 우정을 나눌 수 있습니다. 낯선 언어는 더는 장애가 되지 않습니다. 스마트폰의 번역 프로그램을 이용하면 내가 한 말을 실시간으로 전달할 수 있고 상대방의 말뜻을 이해할 수도 있습니다. 또 초고속 무선 통신망을 이용해 교류하는 동안 지식이 풍부해져서 앞으로 내가 나아갈 길을 설계하는 데 큰 도움이 됩니다.

저는 오랫동안 현장에서 청소년을 만나며 교육의 방향성을 고민해 왔습니다. 초 단위로 변하는 세상을 바라보면 속도에 대한 가르침을 줘야 할 것 같고, 구글 등 인터넷상에 넘쳐 나는 정보를 보면 그것에 대한 양적인 교육이 필요할 것 같았습니다. 긴 고민 끝에 저는 시대가 변해도 퇴색하지 않는 보편적 가치와 철학을 청소년에게 심어 줘야겠다는 결론을 내렸습니다.

4차 산업 혁명 시대에는 인공 지능과 인간이 공존합니다. 최첨단 과학이 일상이 되는 세상에서 75억 지구인이 조화롭게 살아가려면 인간 중심의 교육이 필요합니다. 인문학적 지식과 소양을 통해 인간을 더욱 이해하고 이롭게 만드는 시각을 갖춰야 합니다. 〈세계통찰〉 시리즈는 미래를 이끌어 나갈 청소년을 위한 지식뿐 아니라 그 지식을 응용하여 삶에 적용하는 지혜까지 제공하는 지식 정보 교양서입니다.

청소년이 이 책을 반드시 접해야 하는 이유

첫째, 사고의 틀을 확대해 주는 책입니다.

〈세계통찰〉 시리즈는 정치, 경제, 사회, 문화, 무역, 외교, 전쟁, 인물에 이르기까지 하나의 국가가 국가로서 존재하고 영유하는 모든 것을 다루고 있습니다. 한 국가를 이야기할 때 경제나 사회의 영역을 충분히 이해했다 해도 '이 나라는 이런 나라다.' 하고 한마디로 정의하기는 어렵습니다. 인물이나 역사적 사건과 같은 눈에 보이는 사실과 이념, 사고, 철학과 같은 눈에 보이지 않는 특성까지 좀 더 유기적이고 종합적인 사고를 해야 한 나라를 이해하고 정의할 수 있습니다. 이 책을 통해 합리적이고 논리적으로 사고하는 습관을 자연스럽게

기를 수 있습니다.

둘째, 글로벌 리더를 위한 최적의 교양서입니다.

4차 산업 혁명 시대라 하더라도 모든 나라가 해체되는 것은 아닙니다. 세계화 속도가 점점 가속화되는 글로벌 시대에 꼭 필요한 소양은 역설적이게도 각 나라에 대한 수준 높은 정보입니다. 일반적으로 알려진 상식의 폭을 확대할 수 있어야 합니다. 미국과 중국의 무역 분쟁이나 우리나라와 일본의 갈등에서도 볼 수 있듯 세계 곳곳에는 국가 사이의 특수한 사정과 역사로 인해 각종 사건과 사고가 터져 나오고 있습니다. 한 국가의 성장과 번영은 자국의 힘과 노력만으로는 가능하지 않습니다. 가깝고 먼 나라와의 유기적인 관계 속에서 평화를 지키고 때로는 힘을 겨루면서 이루어집니다. 한편 G1, G2라 불리는 경제 대국, 유럽 연합EU이나 아세안ASEAN 같은 정부 단위 협력 기구 사이에 일어나는 상호 이해관계도 중요해지고 있습니다. 〈세계통찰〉 시리즈는 미국, 중국, 일본, 아세안, 유럽 연합, 중남미 등 지구촌 모든 대륙과 주요 국가를 공부하는 데 반드시 필요한 영역을 씨실과 날실로 엮어서 구성하고 있습니다.

마지막으로 〈세계통찰〉 시리즈는 글쓰기, 토론, 자기 주도 학습, 공동 학습에 최적화된 가이드 북입니다.

저는 30년 이상 교육 현장에 있으면서 토론, 그중에서도 대립 토론debating 수업을 강조해 왔습니다. 학생 스스로 자료를 찾고 분류하며 자신만의 생각을 정리하고 발표하는 방식입니다. 이때 다른 사람의 생각을 경청하고 공감하는 학생일수록 주도적이고도 창의적인 인재로 성장하는 것을 보았습니다. 〈세계통찰〉 시리즈가 보여 주는 형식과 내용은 학생과 교사 모두에게 긍정적인 영향을 줄 것이라고 확신합니다.

가까운 미래에 글로벌 리더로서 우뚝 설 우리 청소년에게 힘찬 응원의 메시지를 보냅니다.

박보영(교육학 박사, 박보영 토론학교 교장, 한국대립토론협회 부회장)

1장

미합중국의 탄생을 전 세계에 알린

독립 전쟁

유럽 국가들의 식민지 쟁탈전과 중상주의 정책

1492년 콜럼버스Christopher Columbus의 신대륙 발견 이후 유럽에서는 새로운 역사가 시작되었습니다. 신대륙 발견에 앞장섰던 남유럽의 스페인과 포르투갈은 중남미에서 약탈한 막대한 양의 금은보화로 유례를 찾을 수 없을 정도로 풍요를 누리게 되었습니다.

역사적으로 유럽 세계를 주도해 왔던 영국이나 프랑스 같은 서유럽 국가들이 남유럽 국가의 성공을 가만히 지켜보고만 있을 리 없었습니다. 서유럽 국가들은 스페인과 포르투갈이 개척하지 못한 아프리카·아시아·북아메리카 대륙을 차지하기 위해 앞다투어 바다로 나갔습니다. 이로 인해 전 세계가 유럽 국가들의 식민지로 전락하고 말았습니다.

16세기부터 식민지 쟁탈전이 본격화됨에 따라 유럽 국가들은 자국의 이익을 극대화하기 위해 모든 수단을 총동원하기 시작했습니다. 유럽 각국은 자국의 식민지와 무역을 독점하면서 다른 나라가 발을 들일 틈을 주지 않았습니다. 또한 보호무역주의로 일관하며 외국

동인도회사에 막대한 이익을 안겨 준 향신료

으로부터 수입을 억제하고 수출을 늘리고자 했습니다. 각국 정부는 무역을 통제하기 위해 국영기업을 만들거나 특정 상인에게 무역에 관한 독점권을 주었습니다.

　17세기 초 정부가 무역에 개입하기 위해 만든 대표적인 회사가 바로 영국의 동인도회사*였습니다. 동인도회사는 인도에서 생산하는 향신료 · 차茶 등 값나가는 특산물을 독점하면서 영국 정부에 막대한 이익을 안겨 주었습니다. 이처럼 국가가 앞장서서 수출을 늘리고 수입을 줄여 국부를 늘리려는 보호무역 정책을 중상주의重商主義라고 하는데, 시간이 흐를수록 유럽 각국의 중상주의 정책은 더욱 강화되었습니다.

---

* 17세기 초 영국 · 프랑스 · 네덜란드 등 유럽 각국이 동양과 무역하기 위하여 동인도에 세운 무역 독점 회사.

18세기 후반 시작된 산업혁명은 중상주의 국가들을 폭력적으로 만든 계기가 되었습니다. 유럽 각국은 자국에서 생산된 막대한 제품의 판로를 확보하기 위해 기존 식민지에 대한 통제를 강화했고, 이와 더불어 더 많은 식민지를 확보하기 위한 경쟁도 점차 치열해졌습니다. 얼마나 많은 식민지를 가지고 있는지가 국력을 결정하는 기준이 되면서 각국은 전쟁을 불사할 정도로 식민지 확보에 혈안이 되었습니다.

유럽 열강 중 전통 강호인 프랑스와 영국은 그 어떤 나라보다 치열한 식민지 쟁탈전을 벌이며 때로는 사활을 건 생존경쟁을 이어 나갔습니다. 18세기 중반에 이르러 지구상에 미개척지가 거의 남지 않게 되자 마침내 양국은 식민지 확보를 위한 전쟁에 돌입했습니다.

영국과 프랑스의 '7년 전쟁'

18세기 중반 영국은 인구가 580만 명에 지나지 않았지만, 프랑스는 2,000만 명을 넘을 정도로 인구대국이었습니다. 프랑스는 인구뿐 아니라 영토 역시 영국의 세 배에 육박해 외면상 영국과 비교가 되지 않는 강대국이었습니다. 프랑스는 땅도 넓지만 토질도 비옥해 유럽 최대의 농업국가로 발돋움했으나, 영국은 척박하기 그지없는 자연환경으로 인해 농산물을 자급조차 할 수 없었습니다.

이러한 지리적 제약으로 농업을 발전시킬 수 없었던 영국은 제조업 중심의 산업을 성장 동력으로 삼았습니다. 또한 인구가 적어 내수

영국의 강력한 해군력을 뒷받침한 군함

시장이 협소했기 때문에 일찌감치 해외로 눈을 돌려 식민지 개척에
국가의 명운을 걸었습니다. 이에 따라 영국은 지구 반대편까지 갈 수
있는 튼튼한 선박을 만드는 일에 힘을 쏟았고, 더불어 무역선단을 보
호하기 위해 우선적으로 해군력을 강화했습니다.

　영국이 막강한 해양력을 바탕으로 식민지를 늘려 나가자, 프랑스
는 일전을 치러서라도 영국이 전 세계 패권국가로 부상하지 못하도
록 막아서려 했습니다. 영국 역시 프랑스를 견제해야 했습니다. 영국
과 프랑스가 개발한 지구상의 수많은 식민지 중에서 특히 북아메리
카 대륙은 양국이 가장 첨예하게 대립하던 곳으로 점차 전운이 짙어
지기 시작했습니다.

1620년 메이플라워Mayflower호 선박을 타고 미국으로 건너온 영국 청교도*가 동부에 정착하면서 미국의 역사는 시작되었습니다. 하지만 영국 정부의 무관심 속에 북아메리카 대륙이 방치되어 있다시피 한 틈을 타서 프랑스는 적극적으로 북아메리카 대륙을 개척해 나갔습니다. 그 결과 프랑스는 캐나다와 미시시피강**을 중심으로 하는 중부에서 애팔래치아Appalachian산맥*** 서쪽까지 영토를 확장했습니다. 다시 말해 청교도가 개척한 미국 동부 지역을 제외하고는 북아메리카 대륙 대부분이 프랑스 영토에 귀속되었습니다.

프랑스는 북아메리카 대륙에서 영국보다 훨씬 넓은 영토를 차지하게 되었지만, 식민지를 부실하게 관리해 화를 초래했습니다. 18세기 중반 드넓은 북아메리카 대륙에 거주하던 전체 프랑스 사람은 7만여 명에 지나지 않았습니다. 그마저도 5만여 명이 캐나다에 거주했기 때문에 미국 땅에는 약 2만 명밖에 살지 않았습니다. 이에 반해 동부 지역은 영국에서 이주해 온 사람들이 폭발적으로 늘어나 인구가 180만 명을 넘어섰습니다.

영국 정부는 늘어나는 인구를 효율적으로 관리하기 위해 동부를 13개의 행정구역으로 나누어 다스렸으며, 이주민들이 농장을 만들기 위해 프랑스 영토로 넘어가는 것을 묵인했습니다. 영국 출신 이주민들이 국경이었던 애팔래치아산맥을 넘어 서쪽으로 대거 진출하자 프랑

---

* 16세기 후반, 영국 성공회 교회에 반항하여 일어난 개혁파를 일컫는 말로서, 청정한 생활을 할 것을 신념으로 함. '퓨리턴'이라고도 한다.
** 미국 중앙부를 북에서 남으로 가로질러 흐르는 미국 최대의 강.
*** 북아메리카의 동부에 북동에서 남서로 뻗어 있는 산맥을 말한다.

각양각색의 세력이 뛰어들었던 7년 전쟁

스는 군사를 동원해 이들을 내쫓으려고 했습니다. 이를 빌미로 영국
군은 프랑스군을 상대로 끊임없이 크고 작은 충돌을 일으켰습니다.

1756년 이른바 '7년 전쟁'이라 일컫는 거대한 전쟁이 벌어졌습니
다. 이는 유럽 강대국들이 자국의 입맛에 따라 영국 또는 프랑스와
손잡고 싸운 전쟁으로, 세계대전이라 불러도 과언이 아닐 만큼 큰 전
쟁이었습니다. 프랑스 편에는 오스트리아·러시아·스페인 등이 섰
고, 영국 편에는 프로이센(오늘날 독일)*이 붙었습니다. 이처럼 영국과
프랑스는 인근 국가까지 끌어들여 유럽뿐 아니라 식민지에서도 대

* 유럽 동북부와 중부에 있었던 지방국가.

대적인 전쟁을 벌였습니다.

영국은 그동안 프랑스가 막강한 영향력을 행사하던 인도와 북아메리카 지역에서 주도권을 잡기 위해 국력을 총동원해 전쟁에 임했습니다. 양국이 국운을 걸고 전쟁에 나섰지만 승패가 쉽게 갈리지 않아 전쟁은 무려 7년 동안이나 계속되었습니다.

1763년 영국은 힘겹게 프랑스를 누르고 전쟁에서 승리를 거뒀으나, 이는 상처뿐인 영광이었습니다. 7년 전쟁에서 승리한 영국은 북아메리카에서 프랑스 세력을 제압하고 캐나다를 포함한 많은 지역을 차지했지만, 전쟁을 치르기 위해 막대한 전쟁비용을 쏟아부어 심각한 재정난에 빠져들었습니다. 전쟁이 끝났을 때 영국 정부는 1억 4,000만 파운드 이상의 천문학적인 빚더미에 올라앉아 있었으며, 이를 해결하지 못할 경우 국가부도 사태가 불가피한 상태였습니다. 해결책을 찾던 영국은 식민지 수탈을 통해 국가부도 위기에서 벗어나고자 했습니다.

영국의 식민지 수탈 정책

청교도가 미국에 첫발을 내딛은 이래 그들은 본국이었던 영국의 도움을 거의 받지 못한 채 힘겹게 땅을 개척해 나갔습니다. 백인들이 미국 땅에 정착하기 이전까지 신대륙의 주인이었던 인디언 중 일부는 백인들에게 호의적이었지만 대다수의 인디언은 백인을 침략자로 여겨 심각한 마찰을 일으켰습니다. 백인들은 호전적인 인디언들과의 힘든 투쟁에서 살아남기 위해 총을 들어야 했고, 무수한 희생을 치르며 간신히 신대륙에 둥지를 틀었습니다.

개척 초기 백인 정착민들의 생활 여건은 매우 열악했습니다. 특히 인디언이 수시로 거주지를 침략해 성인 남성들을 살해한 후 머리 가죽을 벗겨 백인 여성과 함께 전리품으로 가져가곤 해 골치를 앓았습니다. 만약 영국 정부가 세계 최강의 전투력을 갖춘 영국군을 동원해 인디언을 제압해 주었다면 정착민들이 겪어야 했던 고난을 크게 덜 수 있었을 텐데, 영국은 정착민들을 돕지 않았습니다. 이로 인해 미국 정착민은 영국에 대해 별다른 호감을 가질 수 없었고, 영국도 가능하면 이들을 건드리려고 하지 않았습니다. 영국의 수많은 식민지 중에서 미국 정착민들이 가장 많은 자유를 누렸지만, 정작 이주민들은 영국의 처사에 만족하지 못했습니다.

영국이 '7년 전쟁'으로 인한 재정파탄을 막기 위해 가장 번영하던 식민지 미국을 쥐어짜기 시작하면서 파열음이 생겨났습니다. 사실 그동안 영국이 자국의 산업을 보호하기 위해 중상주의 정책을 취하는 데 대해 미국 사람들은 적지 않은 불만을 가지고 있었습니다. 그 대표적인 예가 당밀법입니다. 당밀은 사탕수수에서 추출한 검은빛의 즙액으로서 술을 만드는 원료인데, 미국에서 거의 생산되지 않아 대부분 카리브해의 열대국가에서 수입해야 했습니다.

미국의 당밀 수입업자는 사탕수수가 재배되는 카리브해 여러 국가 중 아이티Haiti나 마르티니크Martinique섬 등 주로 프랑스 식민지에서

사탕수수를 끓여
만드는 당밀

당밀을 수입했습니다. 하지만 1733년 영국 정부는 당밀법을 제정해 영국의 식민지가 아닌 곳에서 수입되는 당밀에 대해 1갤런gallon*당 6 펜스pence**라는 당시로서는 엄청난 관세***를 부과했습니다. 대신 자메이카 같은 카리브해의 영국 식민지에서 당밀을 수입할 경우 무관세

---

* 액체의 부피 단위로 영국 갤런은 약 4.5L이다.
** 영국의 화폐 단위. 페니(penny)의 복수형이다.
*** 국세의 하나. 수출·수입되거나 통과되는 화물에 대하여 부과되는 세금.

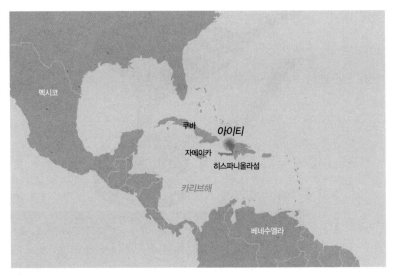

카리브해에 위치한 아이티

혜택을 주어, 프랑스가 미국에서 당밀 판매로 돈을 벌 수 없도록 했습니다.

하지만 미국 사람들은 카리브해의 영국 식민지에서 생산된 품질이 형편없는 당밀보다는 프랑스 식민지에서 생산된 고품질의 당밀을 선호해, 당밀의 밀수가 널리 성행했습니다. 심지어 7년 전쟁 기간 중에도 영국의 적국인 프랑스 식민지에서 당밀을 계속 수입했을 정도로 미국인들은 모국에 대한 애국보다는 실리를 취했습니다.

1765년 영국 정부는 재정파탄을 막고 북아메리카에 진주하고 있던 영국군의 주둔비용을 마련하기 위해 미국에 인지세를 도입했습니다. 인지세란 17세기 네덜란드에서 시작된 종이에 붙이는 세금입

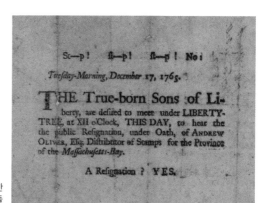

뜻을 함께할 것을 호소한
자유의 아들들

인지세법에 반대하는
미국인들

니다. 영국은 미국에 인지세를 도입하면서 탈세를 방지하기 위해 런던에서 생산한 인지*가 붙은 종이만 사용하도록 강제했습니다. 이로 인해 미국 사람들은 각종 도서·신문·달력·광고물·일기장 등 종이를 사용할 때마다 적지 않은 세금을 내야 했으며 결국 인지세에 대한 불만이 폭발했습니다.

미국 사람들이 자치적으로 운영하던 식민지 의회**가 가장 먼저 나서서 영국 정부의 조치에 반기를 들었습니다. 식민지 의회는 '미국 사람들을 대표하는 자신들의 동의 없이 세금을 부과하는 것은 자유를 억압하는 것이다.'라는 결의문을 채택해 인지조례***가 무효임을 선언했습니다. 식민지 의회는 영국 국왕에게 인지세의 부당함을 알리는 항의문을 보내 미국 사람들의 의사를 알렸으며, 동시에 전면적인 영국 제품 불매운동에 나서면서 영국 정부를 압박했습니다.

평소 영국에 강한 반감을 품고 있던 미국 사람들 중 일부는 '자유의 아들들'이라는 단체를 만들어 영국에 반대하는 시위를 주도했고, 영국 세관원에게 무자비한 폭력을 행사하기도 했습니다. 결국 영국 정부는 미국 사람들의 엄청난 조세저항에 밀려 1766년 인지세법을 폐지했습니다.

---

* 수수료나 세금 따위를 낸 것을 증명하기 위하여 서류에 붙이는 종이 표.
** 17~18세기 아메리카 대륙의 영국 식민지 13개 주에 살던 이주민들이 자치를 위해 만든 대의제 기구.
*** 1765년 영국이 아메리카에 주둔하고 있던 영국군의 유지비용을 마련하기 위해 신문, 광고, 달력을 비롯한 각종 증서에 인지를 붙이도록 강제한 것.

영국에 반기를 든 '자유의 아들들'

영국은 미국인들의 강력한 저항에 부딪혀 인지세를 폐지했지만 계속되는 재정난을 해결하기 위해 다시 세금징수에 나섰습니다. 1767년 영국 재무부 장관 찰스 타운센드Charles Townshend는 미국으로 수입되는 유리·종이·차茶에 관세를 부과하는 이른바 '타운센드법'을 만들어 실행에 옮겼습니다.

이번에도 미국 사람들은 그냥 보고만 있지 않고 맞섰습니다. 차를 마시지 않았고, 종이를 직접 만들어 사용하는 등 수입관세가 붙은 제품을 사용하지 않았습니다. 특히 보스턴을 중심으로 '자유의 아들들'이 전면에 등장해 영국에 대한 투쟁을 주도하며 불매운동뿐 아니라 세관원을 상대로 폭력을 가했습니다. 영국 정부는 세관원과 세무서를 보호하기 위해 본국에서 군대를 급히 파견해 치안 확보에 나섰습니다.

당시 보스턴은 미국 내에서도 영국에 대한 혐오감이 가장 강했던 지역 중 하나로서 '자유의 아들들'의 주 무대였기 때문에 영국군의 등장은 사태를 더욱 악화시켰습니다. 영국군이 주둔하기 시작한 이후로 보스턴에서는 연

아메리카 식민지에 막중한 세금을
부과한 찰스 타운센드

일 '자유의 아들들'이 주동하는 반反영국 시위가 끊이지 않았습니다.

1770년 3월 5일 이 날도 '자유의 아들들'이 주도하는 시위가 보스턴 시내에서 벌어져, 영국군은 평소처럼 시위대를 막기 위해 바삐 뛰어다녔습니다. 눈뭉치를 던지던 시위대가 영국군을 향해 욕설을 퍼붓자, 그동안 시위 진압에 지친 영국군은 신경이 매우 날카로워졌습니다. 그 와중에 시위대 일부가 영국군에게 무차별 폭력을 가했고, 마침내 영국군 측 누군가에 의해 발포명령이 내려졌습니다.

영국군이 시위대를 향해 발포를 시작하자 깜짝 놀란 시위대는 순식간에 사라졌지만, 다섯 사람이 죽은 채 쓰러져 있었습니다. 이 사건은 언론을 통해 '보스턴 대학살'이라는 이름으로 미국 전역에 알려졌습니다. 희생자가 다섯 명이었기 때문에 '대학살'이라는 표현은 사실에 걸맞지 않았지만 '자유의 아들들'은 보스턴 사건을 통해 영국을 극악무도한 세력으로 몰아붙이려고 했습니다.

보스턴 대학살을 묘사한 그림

당시 미국의 지역마다 있던 수많은 언론사가 '보스턴 대학살' 소식을 과장해 앞다투어 주민들에게 전달했습니다. 이 소식을 알게 된 미국 사람들은 영국에 대해 분노를 금치 못했습니다. 얼마 후 진행된 희생자들의 장례식에 1만 6,000명의 보스턴 주민 중에 무려 1만 명 이상이 참석했을 정도로 '보스턴 대학살'은 미국 사람들에게 커다란 관심사였습니다.

　미국 내 민심이 악화되자 영국 정부는 군대를 철수하고 타운센드 법을 폐지하기로 결정했습니다. 다만 타운센드법에 의해 과세되던 물품 중 차에 대해서만큼은 계속해서 관세를 물리기로 했습니다. 차를 주로 소비하는 계층이 극소수 상류층인지라 세금을 부담할 능력이 충분하다고 판단했기 때문입니다.

　영국 정부가 한발 물러나는 모습에 대부분의 미국 사람은 모국을 상대로 값진 승리를 거뒀다고 생각했습니다. 이내 과격한 투쟁이 잦아들면서 사태는 급속도로 진정되어 갔습니다. 하지만 영국으로부터 완전한 독립을 원했던 '자유의 아들들'은 '보스턴 대학살' 사건이 평화적으로 마무리되는 것에 대해 실망감을 감추지 못했습니다. 이들은 사건이 무마된 이후에도 해체하지 않고 은밀하게 활동을 계속하며 독립을 위한 적당한 때를 기다렸습니다.

보스턴 차 사건

타운센드법이 주민들의 강력한 항의에 부딪혀 폐지되었지만 차에 관한 규정은 유효했기 때문에, 영국 정부는 차에 고율의 관세를 붙여 세금을 거두어들이고자 했습니다. 하지만 고율의 관세를 물면서 차를 수입하는 사람은 그리 많지 않았습니다. 미국의 수입업자들은 온갖 수단을 동원해 외국으로부터 차를 밀수했고, 소비자에게는 폭리를 붙여서 팔아 떼돈을 벌었습니다. 하지만 이해타산에 밝았던 밀수업자들의 영화는 그다지 오래가지 못했습니다.

1773년 영국 정부는 해외무역을 촉진하기 위해 만든 국영기업 동인도회사가 재정난에 허덕이자 차에 관한 독점권을 부여하는 특혜를 주었습니다. 거기에 면세혜택까지 주어 충분한 가격경쟁력을 확

차 수입을 독점했던 영국의 동인도회사

보하도록 해 주었습니다. 이렇게 동인도회사가 차에 관한 독점권을 획득하자 그동안 차를 밀수해 많은 돈을 벌어 왔던 미국 밀수업자들은 큰 타격을 받을 수밖에 없었습니다.

동인도회사는 인도에서 생산한 차를 들여와 저렴한 가격으로 미국 시장에 공급해 소비자들의 호평 속에 시장점유율을 급속히 늘려 나갔습니다. 밀수업자들은 "지금은 동인도회사가 차를 싸게 판매하고 있지만 머지않아 차 가격을 올릴 것이다. 독점의 피해를 막기 위해서는 예전처럼 누구나 차를 팔 수 있어야 한다."라고 주장했으나 큰 호응을 얻지 못했습니다.

궁지에 몰린 밀수업자들은 위기를 극복하기 위해 동인도회사로부터 차를 받아 판매하던 사업주들을 상대로 압력을 넣기 시작했습니다. 동인도회사의 차를 취급하던 사업주들은 밀수업자들의 협박에 못 이겨 결국 동인도회사와 거래를 중단했습니다. 이에 미국으로 들어왔던 동인도회사의 차는 배에서 내려지지도 못한 채 출발한 곳으로 되돌아가야 했습니다. 하지만 전체 13개 지역 중 유일하게 보스턴 지역의 사업자들은 협박에 굴하지 않고 동인도회사의 차를 판매하기로 결정해, 밀수업자들과 영국을 혐오하는 세력들의 심기를 불편하게 했습니다.

이번에도 급진 과격 단체인 '자유의 아들들'이 영국과의 투쟁에 선봉장이 되었습니다. 1773년 12월 16일 모호크Mohawk 족 인디언으로 분장한 100명이 넘는 '자유의 아들들' 단원이 보스턴 항에 정박 중

보스턴 차 사건

인 동인도회사 소속 선박을 습격하는 사건이 발생했습니다. 얼굴에 검은 숯을 바르고 무기를 든 단원이 배에 오르자 겁에 질린 선원들은 목숨만 살려 달라고 빌며 저항조차 하지 못했습니다. 단원들은 배에 실려 있는 342개의 차 상자를 바다에 버렸고 이로 인해 동인도회사는 엄청난 금전적 손실을 입었습니다.

단원들은 차를 바다에 버리기 전에 보스턴 주민을 불러모아 놓고 자신들이 하는 일을 널리 알리고자 했습니다. 값비싼 차를 바다에 버릴 때마다 이를 지켜보던 사람들은 크게 박수를 치며 환호했습니다. 머지않아 사건의 진상을 알게 된 영국은 더 이상 두고 볼 수 없었습니다. 그동안 영국 정부는 미국 주민들을 자극하지 않기 위해 문제가 터질 때마다 양보해 왔지만, 명백한 불법행위인 '보스턴 차 사건'만큼은 결코 묵과할 수 없었습니다.

영국 정부는 보스턴으로 군대를 급파해 범인 색출에 나섰습니다. 또한 보스턴이 속한 매사추세츠 당국이 피해금액을 배상할 때까지 아예 보스턴 항구를 폐쇄하는 강력한 조치를 취했습니다. 당시 미국 내에서 물동량이 가장 많은 보스턴 항이 영국군에 의해 강제 봉쇄되면서 수출·수입이 전면 중단되자 주민들은 심각한 경제 위기에 직면했습니다.

영국군과의 일전에서 승리한 미국 민병대

영국이 보스턴에 경제봉쇄 조치를 취하자 '자유의 아들들'을 비롯한 미국 주민들이 연일 시위를 벌이며 영국을 압박했지만, 영국 정부는 눈 하나 꿈쩍하지 않았습니다. 오히려 불법적인 시위를 강경하게 진압하며 식민지의 질서를 바로잡으려고만 했습니다. 보스턴의 상황이 극단으로 치닫자, 1774년 9월 미국 전역에서 각 지역을 대표하는 지도자가 대책을 마련하기 위해 필라델피아Philadelphia로 모여들었습니다.

이른바 '제1차 대륙회의'가 미국 역사상 최초로 개최되었지만 조지아Georgia 지역은 대표를 보내지 않았습니다. 당시 조지아는 가장 늦게 개척된 식민지로서 규모가 제일 작았으며, 인디언과 치열한 전쟁이 계속되고 있었습니다. 이로 인해 영국의 군사적 도움이 절실했던 조지아는 대표단을 파견할 수 없었습니다.

각 지역 대표는 50일 동안 머리를 맞대고 고심한 끝에 힘을 합쳐

영국의 압제에 맞서기 위한 모임 제1차 대륙회의

영국에 무역보복 조치를 취하기로 결정하고, 영국이 미국에 대한 압박을 풀지 않는다면 이듬해인 1775년부터 영국 상품의 수입을 중단하겠다는 경고의 메시지를 보냈습니다.

하지만 영국은 미국 대표들의 요구를 들어주기는커녕 이전보다 더욱 강경한 자세로 맞섰습니다. 화가 난 미국 대표들은 이듬해부터 영국 상품에 대한 수입금지 및 전면적인 불매운동에 들어갔습니다. 이로 인해 영국 제품의 수입액이 이전 수입액의 3%에 지나지 않을 정도로 급감했습니다. 그런데도 영국은 미국의 요구를 받아 주지 않았습니다.

1775년 4월 영국은 미국 주민들의 무장봉기를 원천 봉쇄하기 위

콩코드 무기고에서 영국군을 물리친 민병대

해 보스턴 북부 콩코드Concord에 위치한 민병대의 무기고를 장악하려
는 작전을 세웠습니다. 당시 미국은 여느 영국 식민지와 달리 독자적
인 군사조직인 민병대를 보유하고 있었습니다. 개척 초기부터 미국
주민들은 끊임없이 인디언의 공격을 받았지만 영국은 수수방관하며
별다른 도움을 주지 않았습니다. 이에 미국 주민들은 자발적으로 민
병대를 조직해 스스로를 지켜 나가는 과정에서 어느 정도 전투력을
갖출 수 있었습니다. 더구나 미국 청년 중 상당수가 '7년 전쟁' 동안
영국군에 소속되어 전투를 치러 본 경험이 있었기 때문에 영국으로
서는 신경이 쓰일 수밖에 없었습니다.

4월 19일 영국군 700여 명이 콩코드 무기고를 급습했지만, 사전에
정보를 입수한 민병대가 이미 안전한 곳에 무기를 숨긴 후 영국군을

기다리고 있었습니다. 영국군은 생각지도 못한 민병대의 매복공격에 우왕좌왕하며 도망치기에 급급했습니다. 이로써 전투는 미국 민병대의 승리로 끝났습니다.

영국군과 민병대 간의 무력충돌 이후, 5월 10일 제2차 대륙회의가 필라델피아에서 개최되었습니다. 이 자리에서 각 지역 대표는 앞으로 영국과의 관계를 어떻게 설정할 것인지를 두고 격론을 벌였습니다. 강경파는 이번 기회에 영국으로부터 완전한 독립을 쟁취해야 한다고 주장했고, 온건파는 예전처럼 일정한 자치권을 누리면서 영국 식민지로 지낼 것을 주장했습니다.

온건파가 독립을 반대한 데는 나름대로 이유가 있었습니다. 미국이 독립을 선언할 경우 세계 최강의 군대를 보유한 영국이 가만히 있을 리 없다고 판단했기 때문입니다. 미국에도 자생적인 군사조직인 민병대가 있었지만, 엄격한 훈련을 통해 강력한 전투력을 갖추고 있던 영국군과는 비교할 수 없는 수준이었습니다. 더구나 영국군은 군함·대포 등 미국에 없는 막강한 화력을 지니고 있어 미국이 영국과의 전쟁에서 승리하기란 결코 쉽지 않은 상황이었습니다. 미국 대표들은 독립을 두고 끊임없는 설전을 벌였지만 좀처럼 해결책을 찾지 못하다가 마침내 5월 15일 투표를 통해 영국과 전쟁을 하기로 결정했습니다.

영국과의 전쟁을 둘러싼 미국 내부의 정황

완전한 자주독립을 선택한 미국 대표단은 전쟁을 지휘할 인물로 조지 워싱턴George Washington을 발탁했습니다. 1732년 조지 워싱턴은 버지니아에서 경제적으로 부유한 집안에서 태어났지만, 아버지가 일찍 돌아가시는 바람에 어릴 적 마음고생이 심했습니다. 그의 꿈은 영국군 장교가 되는 것이었으나, 당시 영국은 식민지 국민을 영국군 장교로 받아들이는 경우가 거의 없었습니다. 이에 조지 워싱턴은 스무 살 때 미국 이주민으로 구성된 버지니아 민병대에 들어가 정규 영국군으로 편입할 기회를 노렸습니다.

이후 조지 워싱턴은 1754년 미국 땅에서 벌어진 영국과 프랑스 간 전쟁에 민병대 장교로 참전해 죽음을 무릅쓰고 싸워 혁혁한 전공을 세웠습니다. 전쟁 기간 도중 그는 프랑스군에 포로로 잡혀 죽을 고비를 맞기도 했지만 풀려난 다음에도 다시 전쟁터로 달려가 영국을 위해 싸웠습니다.

1758년 조지 워싱턴은 그동안 몸담았던 영국군을 떠나 고향으로 돌아가기로 마음먹었습니다.

그동안 워싱턴은 연대장으

미국 최고의 군사전략가였던 조지 워싱턴

로서 수많은 전투에 나서 혁혁한 전공을 올리면서 명장의 반열에 올랐지만 잃은 것도 많았습니다. 부하 사랑이 남달랐던 조지 워싱턴은 지휘관으로 복무하는 동안 휘하 장병의 3분의 1 이상을 잃는 아픔을 겪어야 했습니다. 또한, 식민지 출신으로 민병대를 통솔했던 조지 워싱턴은 복무 기간 내내 정규 영국군으로부터 크고 작은 차별을 받아야 했습니다. 그러나 영국군에 복무하면서 워싱턴은 당대 최강이던 영국군의 군 조직과 군사 전술의 강점과 약점을 훤히 꿰뚫을 수 있었습니다.

고향으로 돌아온 조지 워싱턴은 1759년 미국 전역에서 손꼽히는 부자인 마사 커스티스Martha D. Custis와 결혼해 재벌의 반열에 올랐습니

1775년 사령관으로 임명된 조지 워싱턴

다. 그는 끝없이 펼쳐진 대농장을 소유하고 노예를 300명 이상 부리며 황제 부럽지 않은 생활을 했습니다. 그런 그에게 미국 대표단으로부터 성공할 확률이 희박한 독립 전쟁을 이끌어 달라는 요청이 들어왔습니다. 조지 워싱턴은 흔쾌히 참전을 결정했습니다.

사실 독립군 사령관이 되는 것은 모든 것을 내놓아야 하는 위험천만한 일이었습니다. 행여 전쟁에서 진다면 전 재산을 영국 정부에 빼앗기는 것은 물론 반역자의 수괴로 몰려 영국 법에 의해 사지가 찢기는 형벌을 받아야 했습니다. 모든 것을 가진 조지 워싱턴에게 독립군 사령관이 되는 것은 위험하기 짝이 없는 일이었지만, 그는 미국의 독립을 위해 모든 것을 바치기로 결심했습니다.

조지 워싱턴은 오랜 기간 민병대를 이끌었을 뿐 아니라, 영국 군대에 복무한 경험도 있어 누구보다도 영국군의 장단점을 잘 알고 있었습니다. 그렇지만 독립군 사령관으로서 그의 마음은 편치 않았습니다. 콩코드에서 민병대가 영국군을 꺾기는 했지만, 막상 독립 전쟁이 벌어지게 되면 영국에서 최정예 군대가 대거 파병될 것이고, 그럴 경우 독립군은 고전을 면치 못할 것이 불 보듯 뻔했기 때문입니다.

한편, 미국 대표단의 투표에 의한 다수결로 영국과의 전쟁이 결정되었으나 필라델피아에 모인 대표 중 상당수가 아직 영국에 대한 미련을 버리지 못하고 있었습니다. 그때까지 적지 않은 미국인이 영국을 떠나온 고향으로, 국왕을 아버지 같은 존재로 여기고 있었습니다. 대륙회의에 참여한 온건파는 영국 국왕에게 사태를 원만히 해결해

상당수 미국인의 존경을 받던 영국 국왕 조지 3세

달라는 서한을 보냈지만 돌아온 것은 거절뿐이었습니다.

더구나 같은 해 11월, 영국 정부는 영국을 위해 싸우는 미국 흑인 노예들에게 자유를 주겠다고 선언하면서 또 한 번 큰 파장을 불러일으켰습니다. 미국 남부 지역은 흑인 노예를 기반으로 한 면화 재배로 경제를 지탱하고 있었기 때문에, 영국 정부가 노예를 해방할 경우 경제기반이 붕괴될 수 있는 상황이었습니다. 이로 인해 처음에는 전쟁에 부정적이었던 남부 지역까지 독립 전쟁에 적극 가담하면서 영국과의 일전은 이미 정해진 일이 되었습니다.

토머스 페인의 《상식》

미국 독립 전쟁에 커다란 영향을 미친 인물로는 토머스 페인Thomas Paine을 빼놓을 수 없습니다. 그는 영국에서 건너온 작가로서 1776년 1월 50쪽 분량의 소책자《상식》을 출간해 미국 사회에 큰 반향을 불러일으켰습니다.

미국인의 독립 의지를 북돋운 토머스 페인

토머스 페인은 중학교밖에 다니지 못했지만 방대한 독서를 통해 해박한 지식을 가지고 있던 지식인이었습니다. 영국에서 세무서 직원으로 일할 때 그는 평소 강직한 성품으로 인해 주변 사람들에게 미움을 받았습니다. 그러다 세무서 공무원들의 부정부패를 세상에 고발했지만 칭찬은커녕 비난을 받다가 결국 자리에서 쫓겨나고 말았습니다. 이후 영국에서 생계유지가 막막했던 그는 미국으로 건너와 언론사에 몸담고 있으면서 영국 정부에 대한 비판적인 기사를 쏟아 내며 유명세를 얻었습니다.

토머스 페인은 미국 땅에서 5,000킬로미터나 떨어진 섬나라 영국이 식민지 종주국으로 군림한다는 것 자체가 상식 밖의 일임을《상식》을 통해 역설했습니다. 또한 영국식 신분제도가 이치에 맞지 않음을 주장해 미국 사람들의 큰 호응을 이끌어 냈습니다. 그는 모든 인간은 평등하게 태어났기 때문에 왕과 귀족 같은 특권계급이 결코 존재할 수 없으며, 새로운 국가인 미국이 후진적인 신분제도를 가진 영국의 지배를 받아서는 안 된다고 주장했습니다.

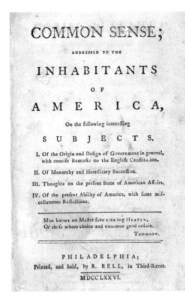
토머스 페인의 소책자 《상식》

토머스 페인은 자신의 신념을 누구나 이해할 수 있는 쉬운 문장으로 표현했습니다. 이를 접한 미국 사람들은 더 이상 영국의 식민지로 남아 있을 필요가 없다는 것을 깨닫게 되었습니다. 《상식》은 순식간에 수십만 부가 팔려 나가 미국인들 사이에 널리 알려졌습니다. 그의 책을 읽은 평범한 미국 사람들조차도 영국으로부터의 독립은 선택의 문제가 아닌 시대적 사명임을 깨달았고 독립에 대한 열기는 더욱 뜨거워졌습니다.

미합중국의 탄생

1776년 7월 4일 미국 대표들은 역사적인 독립선언을 하며 미국이 자주독립국임을 전 세계에 알렸습니다. 독립선언문에는 민주주의와 인권에 관한 매우 중요한 내용이 담겨 있었습니다.

'우리는 다음과 같은 것을 자명한 진리라고 생각한다. 모든 사람은 평등하게 태어났으며, 조물주가 인간에게 부여한 권리 중 생명과 자유 그리고 행복 추구에 관한 권리는 누구에게도 양도할 수 없다. 이

미국 독립선언

같은 권리를 확보하기 위해 국민은 정부를 만들었으며, 정부의 권력은 국민의 동의에서 비롯된다. 또한 정부가 정당한 이유 없이 국민을 탄압할 경우, 언제든지 기존 정부를 무너뜨리고 새로운 정부를 세울 수 있다.'라는 선언은 당시로서는 혁명 그 자체였습니다.

　인류는 지난 세월 동안 신분제를 당연하게 받아들였지만 미국 독립선언문에는 만인이 평등하게 태어났기 때문에 신분제도란 결코 있을 수 없다는 주장이 담겼습니다. 또한 국민의 권리를 보호하기 위해 만든 정부가 오히려 국민을 탄압할 경우 언제든지 무너뜨리고 새로운 정부를 만들 수 있다는 혁명권을 인정함으로써 국민이 주권자임을 명확히 밝혔습니다.

　미국 독립선언문은 민주주의 원리를 가장 잘 밝힌 위대한 선언으

미국식 민주주의를 드러낸
독립선언문

로서 훗날 전 세계 민주주의 확산에 초석이 되었습니다. 또한 '미합
중국United States of America'이라는 국호를 사용함으로써 더 이상 영국 식
민지가 아닌 신생 독립국이 탄생했음을 만천하에 알렸습니다.

　미국이 독립을 선언하자, 영국 정부는 이를 식민지의 반란으로 규
정하고 본격적인 탄압에 나섰습니다. 영국은 대규모 정예군을 파병
해 독립군 토벌작전에 돌입했습니다. 전쟁 초반 미국 전역에서 모인
급조된 대륙군Continental Army은 영국군에게 참패하며 궤멸 직전까지 몰
렸습니다. 대륙군이 영국군에게 참패했던 원인들 중에는 지역 간 단

독립 전쟁 초기 대륙군이 참패한 롱아일랜드 전투

결이 제대로 되지 않은 탓이 있었습니다.

독립 전쟁이 시작되었음에도 많은 지역이 군인을 보내지 않았고, 심지어 전쟁 분담금마저 내지 않았습니다. 이들 지역은 오히려 영국 군에게 군수품을 팔아 막대한 이윤을 챙겼습니다. 이로 인해 대륙군 장병들은 겨울철 군화조차 제대로 보급받지 못해 동상으로 죽어 갔습니다. 대륙군 사령관 조지 워싱턴이 전쟁을 회피하는 지역에 특사를 파견해 도움을 호소했으나, 이들 지역은 앞에서는 돕겠다고 말하고 실제 도움을 주지는 않았습니다.

대륙군의 열악한 상황이 계속되자 미국 각 주 대표들로 구성된 대륙회의에서는 조지 워싱턴에게 부족한 식량을 인근 농가에서 강제로 징발해서 쓰라는 명령을 내리기도 했습니다. 하지만 조지 워싱턴은 대륙회의 대표단의 명령을 단호히 거부했습니다. 미국인을 위한

영국군의 약탈에 저항하는 미국인

독립 전쟁을 치르면서 미국인의 식량을 강제로 빼앗는 것이 사리에 맞지 않았기 때문입니다.

이에 반해 영국군은 보급품이 부족해지자 주민들을 약탈하기 시작했습니다. 당시 영국군은 전쟁 수행을 위해 수많은 독일인 용병을 고용했는데, 특히 이들이 노략질을 주도하면서 영국군은 미국 주민의 민심을 급격히 잃어 갔습니다. 독립 전쟁이 일어나기 직전 영국 정부는 미국인 중에서 영국 국왕 편에 선 사람들에게 재산과 생명을 보호해 주겠다고 굳게 약속했지만, 독일 용병이 중심이 되어 닥치는 대로 약탈을 하는 바람에 국왕에게 충성을 맹세한 사람들조차 등을 돌렸습니다. 미국 대륙군의 경우 보급품이 바닥을 드러내자 탈영하는 군인이 끊임없이 생겨났지만, 조지 워싱턴은 독립 전쟁을 결코 포기할 생각이 없었습니다.

프랑스의 참전

조지 워싱턴은 궁지에 몰린 대륙군을 구하기 위해 영국의 숙적인 프랑스를 이용하기로 하고, 1776년 탁월한 외교관 겸 정치인 벤저민 프랭클린Benjamin Franklin을 프랑스로 보내 도움을 요청했습니다. 하지만 프랑스는 쉽게 움직이지 않았습니다. 아무리 영국과 사이가 좋지 않다고 해도 영국을 잘못 건드렸다가는 프랑스 전체가 전쟁의 소용돌이에 휘말릴 수 있었기 때문입니다.

더욱이 당시 프랑스는 막대한 재정적자*에 시달리고 있어 다른 나라를 도울 처지도 아니었습니다. 프랑스는 미국의 원조 요청을 거듭 거절했지만, 동시대 최고 외교관 벤저민 프랭클린은 포기하지 않고 계속해서 국왕을 찾아갔습니다. 그는 프랑스 국왕 루이 16세가 20대 초반의 미숙한 군주라는 점을 십

프랑스를 전쟁에 끌어들인 벤저민 프랭클린

---

* 정부의 일반 회계에서 수입이 지출보다 적은 상태.

미국의 독립 전쟁을 도운 루이 16세

분 활용해 국왕의 마음을 흔드는 제안을 내놓았습니다.

벤저민 프랭클린은 과거 '7년 전쟁'에서 프랑스가 영국에 패해 큰 망신을 당했던 점을 상기시키며 이번이야말로 영국에 확실히 복수할 수 있는 절호의 기회라고 주장했습니다. 또한 프랑스가 도와준다면 미국과의 독점교역권을 주겠다는 제안을 하며 루이 16세의 구미를 당겼습니다.

벤저민 프랭클린의 달콤한 제안에 넘어간 루이 16세는 참전 쪽으로 마음이 기운 상태에서 신하들의 뜻을 물었습니다. 벤저민 프랭클린은 그동안 루이 16세의 신하들을 상대로 다각적인 막후교섭을 펼쳐 자기편으로 만들어 놓았기 때문에 별다른 걱정을 하지 않고 있었습니다. 그러나 어전회의*가 시작되자, 재무부 장관을 포함한 극소수 인사는 프랑스가 직면한 어려운 재정상태를 들어 참전을 반대했습니다.

---

* 임금의 앞에서 중신들이 모여 국가 대사를 의논하던 회의.

참전 반대론자들은 미국에 대규모 원조를 하기 위해서는 엄청난 재원이 필요한데 그러려면 세금인상 이외에 돈을 마련할 방도가 없다는 점을 강조했습니다. 미국을 돕기 위해 프랑스 국민들에게 부과하는 세금을 대폭 올릴 경우, 민심이 악화되어 왕정 자체가 위험해진다는 현실적인 이유를 들어 반대했던 것입니다. 그들의 날카로운 지적은 지극히 합당했습니다. 하지만 세상 경험이 부족한 나이 어린 국왕 루이 16세는 북아메리카 대륙에까지 자신의 힘을 과시할 수 있다는 생각에 반전론자를 모두 해임하고 전격적으로 참전을 결정했습니다.

1778년 2월 프랑스는 동맹조약을 맺고 미국을 돕기 위해 발 벗고 나섰습니다. 프랑스가 미국 편에 서자, 영국과 사이가 좋지 않던 스페인과 네덜란드도 영국에 선전포고를 하며 미국의 독립 전쟁에 힘

격전을 벌이는 프랑스 해군(좌)과 영국 해군(우)

을 보탰습니다. 이로써 미국 독립 전쟁은 국제전으로 비화되었습니다. 프랑스의 전폭적인 지원이라는 천군만마를 얻게 된 조지 워싱턴은 마음이 한결 가벼워졌습니다.

그동안 사령관 조지 워싱턴의 어깨를 짓눌러 왔던 것은 영국군의 막강한 화력이었습니다. 대포와 군함 같은 강력한 무기가 없어 소총만으로 전투에 임해야 했던 대륙군은 영국군에게 호되게 당해 왔습니다. 사정거리 2킬로미터 이상의 막강한 함포를 보유한 영국 해군은 대륙군에게 수시로 포격을 가해 엄청난 피해를 입혔습니다. 영국 육군 역시 막강한 화력의 대포로 포격을 퍼부으며 무수한 대륙군 희생자를 만들어 냈습니다. 하지만 프랑스가 참전하면서 대륙군도 영국 육군에 버금가는 최신 대포를 확보하게 되었고, 프랑스 해군이 영국 해군을 막아 준 덕분에 예전처럼 일방적으로 당하는 일도 더는 발생하지 않았습니다.

미국의 승리

유럽 전통의 강호 프랑스가 참전하면서 영국은 고전하기 시작했습니다. 프랑스 해군이 영국군의 보급선을 잇달아 침몰시키자 미국 땅에 있던 영국군은 극심한 군수물자 부족에 시달렸습니다. 군수물자가 바닥나자 영국군의 사기도 함께 떨어졌습니다. 영국은 전쟁을 승리로 이끌기 위해 추가 파병과 함께 대규모 군수물자를 미국으로 보내야 했지만, 프랑스가 영국 본토를 침략할 우려가 있어 군사를 함부로 움직일 수 없었습니다. 만일 미국에 있는 영국군을 돕기 위해 대규모 증원군을 보냈다가는 영국이 통째로 프랑스 손에 넘어갈 수 있었기 때문입니다.

미국 땅에서 고전을 겪고 있던 영국군에 대한 지원이 소홀해진 사이, 대륙군과 프

대륙군을 훈련시킨 독일 장교 슈토이벤

랑스군은 대대적인 반격을 통해 기선을 잡아 나갔습니다. 게다가 대륙군은 독일에서 프리드리히 빌헬름 폰 슈토이벤Friedrich Wilhelm von Steuben 이라는 뛰어난 장교를 영입해 강군으로 거듭났습니다. 그는 수많은 전쟁을 통해 실전감각을 몸에 익힌 군사전략가로서 조지 워싱턴의 부름을 받고 1777년 미국으로 건너와 대륙군을 교육시키는 일에 앞장섰습니다.

슈토이벤 장교를 영입하기 이전까지 대륙군은 제대로 된 군사훈련을 받은 적이 없어 오합지졸에 불과했습니다. 이들은 진지를 구축하는 방법도 몰라 아무데나 진을 쳤습니다. 더욱이 전투가 벌어지면 전투대형을 이루어 싸우는 것이 아니라, 제멋대로 뛰쳐나가 싸우다가 몰살당하기 일쑤였습니다. 슈토이벤은 뜨거운 애국심에 비해 전

체계적인 군사교육 후 강군으로 거듭난 대륙군

투기술이 형편없었던 대륙군을 엄격한 규율을 자랑하는 독일군 스타일로 교육했습니다.

대륙군은 슈토이벤의 지도 아래 질서정연하게 움직이고 다양한 형태의 작전을 수행하는 능력을 키워 나갔습니다. 슈토이벤이 볼 때 미국인들은 독일인과 상당히 다른 기질을 가지고 있었습니다. 독일인은 상관의 명령에 무조건 복종하는 데 비해, 미국인들은 충분한 설득 없이는 좀처럼 남의 명령을 따르지 않았습니다. 하지만 일단 전쟁터에 나가면 그 어느 군대보다도 용감히 싸웠습니다.

대륙군은 군인이 되기 이전부터 인디언과의 투쟁을 통해 실전 경험이 쌓인 상태였기 때문에 군대의 규율을 잡는 데는 오랜 시간이 걸

독립 전쟁의 향방을 가른 요크타운 전투

리지 않았습니다. 슈토이벤 덕분에 강군으로 거듭난 대륙군은 프랑
스군과 협력해 영국군을 격파해 나갔으며, 요크타운Yorktown에서 전쟁
의 승패를 가르는 독립 전쟁 사상 가장 큰 전투를 치르게 되었습니다.

1781년 9월, 후퇴를 거듭하던 영국군 7,000여 명은 버지니아 요크
타운에서 최후의 반격에 나섰습니다. 대륙군과 프랑스군 1만 6,000
여 명은 압도적인 병력을 기반으로 영국군을 끝장내기 위해 요크타
운을 겹겹이 포위한 채 일전을 기다리고 있었습니다. 궁지에 몰린 영
국군은 방어태세를 갖추고 본국에서 대규모 지원군이 오기를 기다
렸습니다.

영국 정부는 적에게 둘러싸인 영국군을 지원하기 위해 군대를 파
병했으나, 미국 앞바다에서 프랑스 해군을 만나 격전을 벌인 끝에 패

영국군 사령관 콘월리스

하고 말았습니다. 세계 최강으로 인정받던 영국 해군은 역사적으로 프랑스 해군에 진 적이 거의 없었으나, 당시 해전에서 크게 패하는 바람에 요크타운에 포위된 자국 군을 도울 수 없었습니다. 이 사실을 접한 요크타운의 영국군은 전투가 시작되기 이전부터 전의를 상실했고, 전투는 대륙군의 싱거운 승리로 끝나 버렸습니다.

　대부분의 영국군이 제대로 싸워 보지도 못한 채 항복하기에 급급한 와중에 자존심 강한 영국군 사령관 콘월리스Charles Cornwallis 장군은 조지 워싱턴에게 항복 대신 무장해제라는 점잖은 표현을 써 달라고 요청했습니다. 하지만 조지 워싱턴은 2만 5,000여 명의 아군이 사망했을 정도로 수많은 희생자를 낸 독립 전쟁인 만큼 영국의 요구대로 대충 마무리할 생각이 추호도 없었습니다. 그는 항복한 영국군을 포로로 다루었고, 영국군 사령관이 정식으로 항복 의례를 치르도록 강력하게 요구했습니다. 영국군 사령관 콘월리스 장군은 몸이 불편하다는 핑계로 찰스 오하라Charles O'Hara 장군에게 대신 항복 의례에 참석하도록 조치한 후 자신은 뒤로 물러났습니다.

대륙군과 프랑스군에 대한 영국군의 항복 의례

　1781년 10월 19일 찰스 오하라 장군을 필두로 모든 영국군 장병들이 길게 늘어서서 대륙군과 프랑스군에 대한 항복 의례를 진행했습니다. 전통적인 항복 의례에 따라 찰스 오하라 장군은 자신이 차고 있던 군도軍刀를 승전군 사령관에게 바쳐야 했습니다. 그런데 그는 조지 워싱턴을 식민지 반란군의 수장에 지나지 않는다고 생각해 옆에 있던 프랑스군 사령관에게 군도를 바치려고 했습니다. 하지만 사려 깊은 프랑스군 사령관은 군도를 받으려고 하지 않았습니다.

　프랑스군 사령관 로샹보Rochambeau 장군은 군대 경력이 40년이나 되는 프랑스 최고의 장군 중 한 사람이었지만, 조지 워싱턴에게 지휘권을 양보하고 전쟁 내내 그의 명령을 충실히 따랐습니다. 전쟁에서 최고사령관은 한 명이면 족하고, 이 전쟁은 미국의 독립 전쟁이므로

프랑스의 명장 로샹보 장군

조지 워싱턴이 연합군을 지휘하는 것이 사리에 맞는다고 판단했기 때문입니다. 그는 영국군의 항복 의례에서도 조지 워싱턴을 존중해 주었습니다.

프랑스군 사령관이 군도를 받지 않자 찰스 오하라 장군은 할 수 없이 조지 워싱턴에게 바치려고 했지만, 화가 난 조지 워싱턴은 군도를 부하에게 바치라고 명령했습니다. 찰스 오하라 장군은 조지 워싱턴의 부하에게 군도를 바치는 치욕을 겪어야 했는데, 이는 미국 땅에서 영국이 몰락했음을 상징하는 것이나 다름없었습니다.

요크타운 전투 이후 전쟁이 곧바로 끝난 것은 아니었지만, 힘에 부친 영국은 미국과 평화협상에 나서야 했습니다. 1783년 프랑스 파리에서 긴 협상 끝에 양국 간에 평화조약이 체결되었습니다. 이로써 미국은 영국 식민지 중에서 전쟁을 통해 독립을 쟁취한 유일한 나라가 되었습니다.

미국의 친영 세력

독립 전쟁이 일어나자 대부분의 미국 사람이 독립을 위해 목숨을 던졌지만 모두가 독립을 원한 것은 아니었습니다. 미국 백인 인구의 20% 이상이 친영 세력이었는데, 이들은 고정관념에 사로잡혀 영국 국왕에게 감히 덤벼들 생각을 하지 못했습니다. 친영 세력은 교양 없는 대중이 주인이 되는 민주주의를 곱게 보지 않았고, 품격 높은 국왕이 다스리는 것이 순리에 맞는다고 생각했습니다.

친영 세력에는 미국 사회의 각계각층이 모두 포함되어 있었습니다. 1만 9,000명의 미국인이 영국 국왕에게 충성하고자 영국군에 자진 입대해 대륙군과 맞서 싸웠습니다. 더구나 친영 세력은 영국군과 수시로 내통하면서 대륙군에 대한 정보를 제공하고 군수물자를 공급하며 국왕에 대한 충성심을 내보였습니다.

또한 자신들이 소유하고 있던 흑인 노예도 영국군에 대거 입대시켜 총알받이로 쓰도록 했습니다. 이때 영국군은 전쟁에 참전하게 된 흑인 노예들의 충성심을 이끌어 내기 위해 전쟁이 끝나면 자유를 주겠다고 약속했습니다. 무려 2만 명이 넘는 흑인 노예가 영국 편에 서서 목숨을 걸고 싸웠고, 이 과정에서 수많은 흑인이 목숨을 잃었습니다. 친영 세력의 이 같은 적극적인 반역행위에 맞서 미국은 특별법을 만들어 그들의 재산을 몰수하는 일에 나섰습니다.

한편, 대륙군 편에 서서 싸운 흑인 노예도 있었습니다. 프랑스군은 식민지였던 아이티의 노예를 대거 징집해 미국으로 데려와 전투에

주인에 따라 영국군(좌)과
대륙군(우)으로 나뉜 흑인 노예

투입했습니다. 아이티의 사탕수수 농장에서 일하던 수천 명의 흑인 노예는 영문도 모른 채 미국으로 끌려와 전쟁터에서 쓰러져 갔습니다. 이와 같이 흑인들은 자신의 뜻에 의해 전쟁에 참전한 것이 아니라, 주인의 성향에 따라 편이 갈렸습니다.

막상 영국의 패배로 전쟁이 끝나자, 흑인 노예와의 약속은 제대로 지켜지지 않았습니다. 운 좋게 전쟁터에서 목숨을 건진 흑인 노예들은 다시 예전 주인에게 돌아가 노예의 삶을 살아야 했습니다. 그나마 다행이었던 것은 1777년 버몬트Vermont주를 시작으로 북부 지역 여러 주가 시차를 두고 노예해방에 나섰던 점입니다.

대륙군의 승리 후 반역에 앞장섰던 친영 세력은 매국노로 몰려 미국 땅에 발붙이고 살기가 쉽지 않아졌습니다. 미국은 독립 전쟁 기간에 몰수한 재산을 돌려주기도 했지만, 악질적인 반역자의 재산은 끝내 돌려주지 않았습니다. 전쟁이 끝나고도 친영 세력은 자신들이 미국인이라는 것을 인정하지 않는 경우가 많았습니다. 미국인이 되고 싶지 않던 10만 명의 친영 세력은, 과거 7년 전쟁의 승리로 영국이 프랑스에게서 빼앗은 캐나다로 이주해 끝까지 영국 국왕의 백성으로 남기를 원했습니다.

영국 국왕은 자신에게 끝까지 충성을 바친 친영 세력에게 훈장과 함께 캐나다 땅을 하사하며 그들의 충성심을 치하했습니다. 미국과 국경을 맞대고 있는 캐나다로 이주한 그들은 영국 왕실의 보호 아래 주류로 성장했습니다. 이로 인해 캐나다는 미국이 영국으로부터 독립을 쟁취한 이후에도 영국 국왕의 충실한 식민지로 남아 미국과 다른 길을 걷게 되었습니다.

헌법제정회의

1783년 파리조약 체결로 미국은 영국으로부터 완전히 독립했지만, 신생 독립국을 어떤 형태의 국가로 만들 것인지에 대해서는 쉽게 결정하지 못했습니다. 미국은 영토가 넓고 지역마다 특색이 있기 때문에 통일된 정부를 만들기가 쉽지 않았습니다. 1787년 5월 미국 전역 대표가 필라델피아에 모여 미국의 헌법을 제정하기 위한 회의를 가졌습니다. 이른바 '헌법제정회의'라고 불린 미국 역사상 가장 중요

필라델피아에서 열린 헌법제정회의

한 이 회의에는 미국 독립의 영웅 조지 워싱턴도 초청되었습니다.

　미국 국민의 절대적인 신망을 얻고 있던 조지 워싱턴은 회의를 총괄하는 의장을 맡아 미국에 새로운 헌법이 들어서는 데 산파역을 했습니다. 회의는 초반부터 난항을 거듭했습니다. 각자 처한 입장이 달랐던 13개 주* 대표는 조금이라도 손해를 보지 않으려고 핏대를 높였고, 이 과정에서 극심한 대립이 일어났습니다. 가장 대표적인 것이 연방의회의 구성이었습니다. 당시 미국은 주마다 인구편차가 컸기

---

* 영국에 대항해 미국 독립혁명에 참여한 북아메리카의 주. 뉴햄프셔, 매사추세츠, 로드아일랜드, 코네티컷, 뉴욕, 뉴저지, 펜실베이니아, 델라웨어, 메릴랜드, 버지니아, 노스캐롤라이나, 사우스캐롤라이나, 조지아. 13개의 초기주라고도 한다.

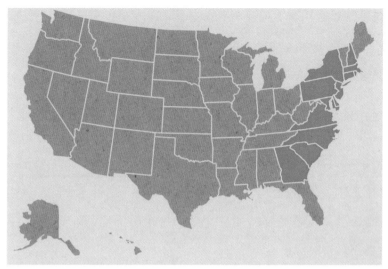

미국 독립 당시의 13개 주

때문에 연방의회에 참석할 의원 수를 결정하기가 쉽지 않았습니다.

인구 비례에 따라 연방 의원 수를 정할 경우, 뉴저지_{New Jersey} 같은 작은 주는 연방의회에서 제대로 목소리를 낼 수 없을 정도로 적은 수의 연방 의원을 배정받게 됩니다. 이에 반해 버지니아_{Virginia} 같은 거대 주는 상대적으로 많은 수의 연방 의원을 배정받아 연방 내에서 막강한 입김을 행사할 수 있게 됩니다. 이에 불만을 품은 뉴저지 같은 작은 주들이 인구 비례에 따라 의원 수를 결정하는 것에 대해 강력히 반대하면서 회의는 난항을 겪었습니다.

하지만 회의에 참석한 대표들은 대화를 이어 가면서 새로운 해법을 찾기 위해 지혜를 모았습니다. 머리를 맞대고 해결책을 모색한 끝에 연방의회를 상원과 하원으로 나누어 구성하기로 결정했습니다.

하원은 인구 비례에 따라 의원을 선출하고, 상원은 인구와 상관없이 주마다 두 명씩 선출하기로 결정하면서 인구편차에 따른 불공정을 보정하기로 했습니다.

또한 연방정부는 법을 만드는 입법부, 만든 법을 집행하는 행정부, 법을 해석하고 판단하는 사법부로 나누어 서로 견제하도록 했습니다. 유럽의 절대왕정 국가처럼 국왕에게 모든 권력이 집중되면 필연적으로 독재국가가 될 수밖에 없다는 판단 하에 권력을 세 개로 나눈 것입니다.

헌법제정회의는 연방정부와 주정부 사이의 권한도 명확히 구분지어 분란의 소지를 없앴습니다. 연방정부의 권한이 너무 약하면 13개 주가 13개 국가로 쪼개질 수 있기 때문에, 각 주의 독립성을 유지하면서도 그 연합체로서 국가를 효율적으로 관리할 수 있도록 적정한 권한을 연방정부에 주었습니다. 또한 동일한 화폐를 제정해 사용하기로 합의하면서 경제적 동일체를 이루었습니다.

다만, 비인간적인 노예 문제만큼은 해결하지 못한 채 제헌회의가 종료되었습니다. 북부 지역은 오래전부터 노예제도에 대해 부정적인 시각을 가지고 있었지만, 남부 지역을 자극하지 않기 위해 모르는 체 내버려 두었습니다. 만약 헌법제정회의 당시 북부 주들이 노예해방 문제를 들고 나왔다면 남부 주들은 연방은 고사하고 독립국가를 만들려고 했을 것이 뻔했기 때문에, 연방을 유지하기 위해서는 어쩔 수 없이 노예제도를 묵인할 수밖에 없었습니다.

초대 대통령 조지 워싱턴

1789년 4월 30일 조지 워싱턴은 초대 대통령으로 취임해 신생 독립국가인 미국을 이끌어 갔습니다. 그는 연임에 성공해 1797년 임기를 마치고 권좌에서 깨끗하게 물러났습니다.

수많은 미국 사람이 조지 워싱턴에게 종신 대통령이 되어 달라고 요청했습니다. 당시 연임에 관한 제한규정이 없었기 때문에 계속해서 대통령직에 머무는 것은 크게 문제될 것이 없는 상황이었지만 조지 워싱턴은 단칼에 거절했습니다. 만약 자신이 종신 집권을 하게 될 경우, 국왕이나 다를 바 없다고 판단했기 때문입니다.

조지 워싱턴은 영국 국왕의 압제에 맞서 싸우다 죽은 2만 5,000여 젊은이의 죽음을 헛되게 하고 싶지 않았습니다. 미국 사람들에게 추

미국의 수도에 세워진 조지 워싱턴 기념탑

1달러 지폐의 모델이 된
조지 워싱턴

앙받는 자신이 장기 집권이라는 나쁜 선례를 남기지 않는다면, 이후
대통령직에 오르는 사람도 재선 이상은 하지 않을 것이라고 생각했
습니다.

독립군 사령관·헌법제정회의 의장·초대 대통령을 역임하면서 미
국을 건국하는 일에 지대한 공을 세우고 고향으로 돌아온 조지 워싱
턴은 농사를 짓다가 2년 후인 1799년 세상을 떠났습니다. 그의 유언
은 농장의 흑인 노예들을 해방시켜 주라는 것이었습니다. 비록 미국
전역에 있는 모든 흑인 노예를 해방시킬 수는 없었지만, 자신 소유의
노예만큼은 풀어주고자 했던 것입니다.

조지 워싱턴이 인후염이라는 병으로 서거했다는 소식이 미국 전
역에 알려지면서 온 나라가 비통함에 잠겼습니다. 모든 미국 국민은
그를 '건국의 아버지'라 부르며 깊은 애도를 표했습니다. 프랑스의
나폴레옹도 머리를 숙여 그의 죽음을 애도했고, 심지어 총부리를 맞
대고 싸웠던 영국마저 조의를 표했습니다. 영국 군함들은 바다를 향

해 20발의 예포를 발사하며 영웅의 죽음을 아쉬워했습니다.

　이후 미국 국민들은 가슴 깊이 존경하는 그를 기리기 위해 적극적인 행동에 나섰습니다. 우선 신생 독립국 미국의 수도를 정하면서 그의 이름을 따서 워싱턴 D.C.특별지구라 부르기로 했습니다. 수도 워싱턴 D.C.에는 조지 워싱턴을 기리기 위한 169미터의 거대한 기념탑이 세워졌습니다. 미국 의회는 워싱턴 D.C. 내의 어떤 건물도 워싱턴 기념탑보다 높게 세울 수 없다는 법률을 만들어 조지 워싱턴의 무한한 권위를 인정해 주었습니다.

　또한 미국 정부는 조지 워싱턴의 초상화를 가장 널리 사용하는 1달러짜리 지폐에 담기로 결정했습니다. 1달러 지폐는 미국 달러화 중 가장 작은 단위의 지폐이지만 가장 많이 쓰이는 것으로서, 미국에서 유통되는 돈의 40% 이상이 1달러짜리 지폐일 만큼 미국인들의 생활에 매우 요긴한 통용화폐이기 때문입니다. 그렇게 오늘날 미국인들은 거의 매일 그의 초상을 볼 수 있게 되었습니다. 조지 워싱턴은 미국을 세운 건국의 아버지이자 동시에 독재자가 되기를 거부한 아름다운 대통령으로서 미국인의 마음속에 불멸의 존재로 남아 있습니다.

2장

미국인의 애국심과 자부심을 드높인

영미 전쟁

위기의 유럽

1789년 프랑스대혁명이 일어나자 주변 국가들은 우려 섞인 시선으로 사태를 지켜보았습니다. 프랑스 법에 따라 합법적으로 집권한 루이 16세가 1793년 시민들에 의해 단두대에서 삶을 마감하자 영국·오스트리아·프로이센 등 인근의 왕정국가들은 혁명의 불길이 옮겨 붙을 것을 우려해 힘을 합쳐 프랑스를 공격했습니다.

프랑스는 주변 강대국의 연합 공격으로 큰 위기를 맞았으나 난세의 영웅인 나폴레옹 보나파르트Napoléon Bonaparte가 등장하면서 상황이 달라졌습니다. 포병장교 출신인 나폴레옹은 나라가 혼란한 틈을 타 권력을 잡은 후 외세의 침략에 맞섰습니다. 그는 군사전략에 뛰어난 인물로, 프랑스를 침략한 외국 군대를 격파하고 여세

프랑스의 영웅 나폴레옹 보나파르트

를 몰아 정복 전쟁의 길에 올랐습니다.

나폴레옹의 정복 전쟁은 예상외로 순탄했습니다. 사람들이 나폴레옹을 전제군주의 압제에서 해방시켜 줄 영웅으로 생각했기 때문입니다. 머지않아 섬나라 영국과 유라시아 대륙에 걸친 세계 최대의 영토를 가진 러시아를 제외하고는 모두 나폴레옹의 수중에 떨어졌습니다. 러시아도 나폴레옹의 침략은 면했지만 그의 눈치를 봐야만 했습니다.

유럽 통일의 꿈을 품었던 나폴레옹은 라이벌 국가인 영국에 본때를 보여 주고 싶어했지만 쉽지 않았습니다. 영국은 유럽 대륙과 떨어져 있는 섬나라로서 세계 최강의 해군력을 보유한 최강대국이었습니다. 또한 18세기 후반 세계에서 가장 먼저 산업혁명을 성공시킨 나라로서 최강의 경제력을 가진 나라이기도 했습니다.

영국 역시 프랑스가 싫기는 마찬가지였습니다. 1776년 미국에서 독립 전쟁이 일어났을 때 프랑스가 미국을 적극적으로 돕지 않았다면 영국이 미국에 지는 일은 없었을 것이기 때문입니다. 영국은 오랫동안 공들여 온 식민지 미국을 잃으면서 세계 경영에 심각한 타격을 입었습니다. 게다가 미국의 독립 전쟁에 막대한 전쟁비용을 쏟아붓는 바람에 빚더미에 앉게 되었습니다. 앙심을 품은 영국은 막강한 해군력을 적극적으로 활용해 프랑스의 해상교역을 방해하며 괴롭혔습니다. 그런데 나폴레옹이 권좌에 오른 후 유럽 대륙을 석권하고 영국을 압박하면서 유럽의 패권을 두고 두 나라는 한판승부를 벌이게 되었습니다.

영국과 프랑스의 충돌

1805년 10월 스페인 남서쪽 트라팔가르Trafalgar에서 호레이쇼 넬슨
Horatio Nelson 제독이 이끄는 영국 해군과 프랑스-스페인 연합함대가 맞
부딪혔습니다. 프랑스-스페인 연합함대 33척에 비해 영국의 함대는
27척에 불과해 수적으로 열세였지만 넬슨 제독은 탁월한 지략을 앞
세워 대승을 이끌어 냈습니다. 프랑스-스페인 연합함대는 22척의
군함을 잃었지만 영국 해군은 단 한 척도 잃지 않으며 완벽한 승리
를 거두었습니다. '트라팔가르 해전'의 승리로 영국 해군은 유럽 최

강임을 입증했지만 나폴레옹
에게는 유럽 정복의 꿈이 좌
절되는 순간이었습니다. 포병
장교 출신이었던 나폴레옹에
게 영국 육군은 그다지 두려
운 존재가 아니었지만 해군은
어찌할 도리가 없었습니다.

나폴레옹은 자신의 이미지
를 추락시킨 영국에 복수하기
위해 1806년 '대륙봉쇄령'을

영국의 명장 넬슨 제독

영국이 대승을 거둔 트라팔가르 해전

내렸습니다. 대륙봉쇄령이란 영국을 고립시키기 위해 유럽의 모든
나라로 하여금 영국과 교역하지 못하도록 나폴레옹이 내린 명령을
말합니다. 나폴레옹이 유럽 대륙을 봉쇄하면서 영국 선박은 유럽 대
륙에 정박할 수 없게 되었고 영국 경제는 곧바로 타격을 입었습니다.
그동안 영국은 자국의 수요량을 훨씬 초과하는 제품을 대량으로 생
산해 유럽 국가에 수출하면서 경제를 지탱해 왔습니다. 하지만 나폴
레옹이 빗장을 걸어 잠그면서 유럽 시장에 접근할 수 없게 된 영국
기업들은 생산한 제품을 팔지 못해 낭패를 겪었습니다.

　영국은 유럽산 제품을 수입할 수도 없어 이중고를 겪었습니다. 대
표적인 상품이 양초였습니다. 유럽에서 수입한 양초로 가로등을 밝
혔던 영국은 양초를 구입할 수 없어 한동안 암흑천지가 되었습니다.
그러나 영국은 이내 유럽 이외의 지역과 무역량을 늘리면서 수출 감

소 물량을 어느 정도 만회할 수 있었습니다.

영국의 해상봉쇄와 미국 상선

나폴레옹은 영국을 확실하게 고사시키기 위해 유럽 국가의 선박이 영국산 제품을 하나라도 싣고 있으면 선박을 압류하는 조치를 취했습니다. 영국도 나폴레옹의 대륙봉쇄령에 맞서 '해상봉쇄령'으로 맞불을 놓았습니다. 영국 군함들은 프랑스 앞바다를 장악하고 외국 물자의 유입을 막았습니다.

아프리카와 아시아 등지에 많은 식민지를 거느리고 있던 프랑스는 부족한 자원을 식민지로부터 들여와 경제를 지탱했는데 영국이 바닷길을 막아서자 물자 부족 현상을 겪게 되었습니다. 또한 그동안 무역선에서 거두어들이던 관세마저 징수할 수 없게 되어 재정난이 가중되었습니다. 이런 분위기를 이용해 한몫 잡고자 대서양을 누빈 사람들이 바로 미국 상인들이었습니다. 미국 상선들은 영국 해군의 눈을 피해 프랑스에 온갖 물자를 공급했습니다. 영국 해군이 드넓은 대서양을 모조리 감시하기란 불가능했기에 많은 미국 상인은 영국의 감시망을 뚫고 프랑스와의 밀무역으로 큰돈을 벌었습니다.

영국은 해상봉쇄령을 어긴 미국 상선의 물자를 빼앗는 것은 물론, 건장한 선원들을 체포해 강제로 영국 해군에 편입시켰습니다. 미국 선원들은 영어를 모국어로 사용하고 대서양의 바닷길에 익숙해 해

영국에 적극적으로 대처하지 않은 토머스 제퍼슨

군으로 부리기에 그만이었습니다. 영국이 제멋대로 미국인을 영국 해군으로 만들자 미국은 강하게 항의했지만 소용없었습니다. 영국은 미국과의 독립 전쟁에서 패해 망신을 당하기는 했으나 미국을 우습게 생각하고 있었기 때문에 그들의 불만에 개의치 않았습니다.

1807년 버지니아 인근 바다에서 미국 상선 한 척이 영국 군함의 정선 명령을 거부하다가 영국군의 공격을 받아 여러 명이 죽는 사건이 발생했습니다. 이 사건으로 미국인들의 영국에 대한 감정이 크게 악화되었고 영국과 일전을 치러야 한다는 의견이 분분했습니다. 그러나 당시 토머스 제퍼슨Thomas Jefferson 대통령은 신생 독립국가인 미국이 다시 전쟁에 휘말리는 것은 국익에 도움이 되지 않을 것이라 판단해 영국과의 전쟁에 나서지 않았습니다.

궁지에 몰리는 프랑스

영국과 프랑스 두 강대국이 각각 봉쇄령을 내리며 힘겨루기를 지속하자 나폴레옹 치하에 있던 많은 나라가 프랑스에 불만을 품기 시작했습니다. 세계 최대 공업국인 영국이 그동안 품질 좋고 저렴한 제품을 유럽 국가들에 수출해 왔기 때문입니다. 또한 영국은 5대양 6대주에 걸쳐 있는 식민지에서 해마다 많은 자원과 먹을거리를 들여와 유럽 각국에 공급하는 중요한 역할을 하고 있었습니다.

참다못한 스페인이 나폴레옹 몰래 영국과 밀거래를 하자 1807년 나폴레옹은 20만 대군을 보내 스페인과 전쟁을 벌였습니다. 프랑스 군대가 스페인 사람들을 잔혹하게 학살하자 영국은 군대를 파견해 스페인 사람들과 함께 프랑스군에 맞섰습니다. 영국-스페인 연합군은 최정예 프랑스 육군과 정면대결로는 도저히 승산이 없다는 판단하에 치고 빠지는 게릴라전을 펼쳐 전쟁을 승리로 이끌었습니다. 천하무적인 줄 알았던 프랑스 군대가 영국-스페인 연합 게릴라들에게

스페인 사람들을 학살하는 프랑스 군대

러시아와의 전쟁 초반 연전연승을 거둔 나폴레옹

참패를 당하자 나폴레옹의 권위는 크게 실추되었습니다.

프랑스 군대가 스페인에서 쫓겨나자 이번에는 그동안 나폴레옹의 위세에 숨죽이고 있던 러시아가 반기를 들었습니다. 나폴레옹이 등장하기 오래전부터 러시아는 영국에 곡물과 목재를 수출하고 생활필수품을 수입해 나라를 유지했습니다. 그러나 나폴레옹의 대륙봉쇄령으로 인해 러시아는 더 이상 목재와 곡물을 수출할 수 없게 되었고 극심한 생활필수품 부족 현상을 겪었습니다. 러시아 황제는 국가경제가 부도 위기에 놓이자 대륙봉쇄령을 무시하고 영국과의 무역을 재개했습니다.

1812년 6월 러시아가 반기를 들자 나폴레옹은 60만 대군을 총동

원해 러시아 정벌에 나섰습니다. 나폴레옹은 단기간에 러시아를 제압할 수 있으리라고 판단했습니다. 개전 초기 나폴레옹의 예상대로 프랑스군은 러시아군을 상대로 연전연승을 거두며 파죽지세로 진격해 승기를 잡는 듯했습니다. 그러나 러시아가 땅을 내주고 시간을 버는 전략을 택하면서 프랑스군이 곤경에 빠지기 시작했습니다.

러시아군은 프랑스군과의 정면승부를 피하고 내륙으로 철수하면서 나폴레옹을 깊숙한 곳으로 끌어들였습니다. 러시아군은 철군하면서 마을을 불태우고 우물에 독을 풀어 프랑스군이 아무것도 이용할 수 없도록 만드는 '초토화 작전'을 펼쳤습니다. 프랑스군은 전쟁에 필요한 모든 물자를 본국에서 가져와야 했는데 교통수단이 마차밖에 없던 당시로서는 불가능한 일이었습니다.

보급품 부족에 시달리던 프랑스군은 월동 준비도 제대로 하지 못한 채 악명 높은 러시아의 추위를 맞아야 했습니다. 프랑스군은 영하 20도의 강추위를 견디지 못해 줄줄이 쓰러졌고 결국 패하고 말았습니다. 나폴레옹과 함께 의기양양하게 러시아 원정길에 올랐던 60만 대군 중 살아서 돌아간 군인이 10%에 불과할 정도로 프랑스가 입은 타격은 엄청났습니다.

인디언 지도자 테쿰세의 도전

1620년 영국의 청교도가 아메리카 대륙에 정착하기 이전까지 그 땅의 주인은 인디언이었습니다. 청교도를 시작으로 유럽인들이 아

메리카 대륙으로 밀려오면서 인디언은 백인들에게 땅을 내주어야 했습니다. 백인들이 영역을 넓혀 가자 일부 강경한 인디언 부족은 무력을 동원해서라도 아메리카 대륙에서 백인들을 몰아내야 한다고 주장했습니다.

개척 초기 아메리카 대륙 동부에 거주하던 백인들은 중부·남부·북부로 세력을

쇼니족 지도자 테쿰세

미국에
위협적인 세력이 된
테쿰세

확장하며 인디언을 고향 땅에서 몰아냈습니다. 인디언 부족 추장들은 돈에 눈이 멀어 헐값에 자신들의 영역을 백인에게 넘겼습니다.

19세기에 접어들자 백인들은 태평양과 접한 서부까지 넘보았고 인디언의 인내심은 한계에 다다랐습니다. 이때 등장한 인디언 지도자가 바로 쇼니Shawnee족* 출신 테쿰세Tecumseh였습니다. 테쿰세는 아메리카 대륙에 사는 인디언이 힘을 합치면 백인과의 전쟁에서 이길 수 있다고 주장하며 뜻을 함께하는 사람들을 모았습니다.

테쿰세는 인디언에게 "지금 우리가 서 있는 이 땅은 대대로 삶의 터전이었습니다. 우리들 중 누구도 이 땅을 백인에게 팔 권리가 없습니다. 땅을 팔아먹는 사람들이여, 그럼 공기도, 구름도, 바다도 파세요. 이제 머잖아 조상의 묘지 위로 백인들의 넓은 도로가 생기면서

---

* 북미 원주민의 한 부족.

조상의 안식처가 사라질 것입니다. 모든 것을 잃기 전에 우리는 한마음, 한몸이 되어 이 땅을 백인의 침략으로부터 지켜내야 합니다. 마지막 인디언 전사가 목숨을 잃을 때까지 우리는 끝까지 투쟁해야 합니다. 그래야만 훗날 조상을 뵐 면목이 생깁니다."라는 연설을 하며 동지를 끌어모았습니다.

테쿰세가 인디언이 백인과 맺은 계약이 무효라고 주장하고 다니자 백인들은 테쿰세를 반드시 제거해야 할 대상으로 여겼습니다. 1811년 테쿰세는 자신을 따르던 세력을 이끌고 미국 정부군을 공격했지만 병력도 부족하고 무기도 변변치 않아 패하고 말았습니다. 열정만으로는 백인과의 전쟁에서 승리할 수 없음을 깨달은 테쿰세는 영국과 연합전선을 구축하기 위해 영국령 아메리카오늘날 캐나다를 자주 들락거렸습니다. 독립 전쟁까지 일으켜 자신들을 몰아낸 미국에 악감정이 있던 영국은 테쿰세를 돕기로 했습니다.

당시 영국은 미국의 부상을 반드시 견제해야 하는 상황이었습니다. 미국이 하루가 다르게 인구가 늘고 국력이 신장되고 있어 점점 영국에 위협적인 존재가 되어 가고 있었기 때문입니다. 영국은 테쿰세가 내전을 일으켜 미국을 초토화하면 상당 기간 미국의 부상을 막을 수 있어 영국의 패권 유지에 도움이 될 것이라 판단하고 테쿰세를 은밀하게 도와주었습니다.

영미 전쟁의 시작

영국군이 지원한 무기로 무장한 테쿰세가 무시할 수 없는 세력이 되자 미국 정부도 더 이상 수수방관할 수는 없었습니다. 게다가 영국 해군이 해상봉쇄령을 빌미로 미국 상선을 지속적으로 괴롭혀 왔기 때문에 미국인의 감정은 최악으로 치달았고 영국을 응징해야 한다는 요구가 빗발쳤습니다. 하지만 응징 수준에 대해서는 의견이 갈렸습니다. 테쿰세의 봉기에 시달리던 서부와 남부 사람들은 영국과의 전쟁을 요구했습니다. 그러나 영국과의 무역을 통해 막대한 이익을 누려 왔던 뉴욕주를 비롯한 동북부의 여러 주는 전쟁을 반대했습니다.

당시 미국 제4대 대통령 제임스 매디슨 James Madison 은 국민 다수의 요구를 받아들여 1812년 7월 마침내 영국에 선전포고를 했습니다. 매디슨 대통령을 비롯한 미국의 정치인들이 영국과의 전쟁을 선택한 데는 영국령 아메리카, 즉 캐나다를 차지하고 싶은 속셈도 한몫했습니다. 캐나다는 미국보다 영토는 크지만 인구가 고작 50만 명으로, 인구

영국과의 전쟁을 선택한 제임스 매디슨 대통령

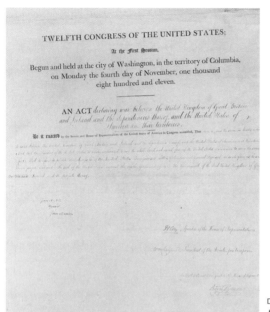

미국 정부가 영국에 보낸
선전포고문

700만인 미국에 비해 약소국이었습니다. 미국이 캐나다에 주둔 중인 영국군을 몰아내면 아메리카 대륙 전체가 자국의 수중에 떨어질 수도 있는 상황이었습니다.

매디슨 대통령이 영국에 전쟁을 선포했지만 당시 미국은 영국과 전쟁을 치를 만할 형편이 아니었습니다. 미국 연방정부 소속 정규군은 7,000여 명에 불과했고 전쟁에 투입할 수 있는 군함도 손에 꼽을 정도로 적었습니다. 영국과 전쟁을 치르려면 각 주에서 군사훈련조차 제대로 받지 못한 시민군을 동원해야 하는 상황이었으며 연방정부는 전쟁을 치를 만한 재정적 여유도 없었습니다.

그럼에도 불구하고 매디슨 대통령은 이번 기회가 아니면 영국군을 물리치고 캐나다를 차지할 기회가 두 번 다시 오지 않을 것이라고 판단해 무리하게 전쟁에 나섰습니다. 미국을 이끌던 정치인들은 국가의 이익을 극대화하기 위해 무리수를 두면서까지 전쟁을 선택했지만 실제로 전쟁에 나가야 하는 군인들은 전쟁의 필요성을 별로 느끼지 못했습니다.

1776년 독립 전쟁이 일어나기 전까지만 해도 영국과 미국은 한 나라였기 때문에 언어나 음식 등 같은 문화를 공유했습니다. 미국인 중 상당수가 영국에 가족이나 친척을 두고 있었기 때문에 영국은 미국인의 고향이나 다름없었습니다. 캐나다와 미국의 국경을 지키던 영국군과 미군 장교들은 함께 식사도 하고 카드놀이를 할 정도로 좋은 관계를 유지했습니다. 그러니 미군들은 하루아침에 영국군을 상대로 총부리를 겨누어야 하는 상황을 받아들이기가 쉽지 않았습니다.

영국의 반격

전쟁이 시작되자 얼마 되지 않는 미국 정규군은 캐나다 국경을 넘어 북쪽으로 진군했습니다. 당시 영국은 나폴레옹과의 전쟁을 위해 정예군을 모두 유럽전선에 투입한 상태였습니다. 매디슨 대통령은 영국 정예군이 없는 캐나다를 손쉽게 차지할 수 있을 것으로 기대했지만 현실은 달랐습니다. 미군에게 영국군보다 더 무서운 것은 캐나다 사람들이었습니다.

그동안 미국인들은 캐나다 사람들을 시골 촌뜨기라며 무시하기 일쑤였고 캐나다를 미국의 한 주처럼 생각해 독립국가로 대우하지 않았습니다. 이에 미국인에 대한 반감이 컸던 캐나다 사람들은 미군이 쳐들어오자 결사적으로 저항했습니다. 영국군과 캐나다 시민군의 강력한 저항에 부딪쳐 미군이 결정적인 승리를 얻지 못하는 사이 상황은 미국에 불리하게 돌아갔습니다.

1812년 7월 미국이 영국을 상대로 전쟁을 일으킬 때만 하더라도 나폴레옹의 위세가 대단해 영국은 프랑스를 막기에도 급급했습니다. 그러나 같은 해 나폴레옹이 러시아와의 전쟁에서 대패하면서 영국은 한숨을 돌릴 수 있게 되었습니다. 러시아 원정 실패를 계기로 나폴레옹의 힘은 급격히 약해졌습니다. 1814년 3월 영국군에 의해 파리가 점령되고 나폴레옹은 권좌에서 쫓겨나 엘바_{Elba}섬*으로 유배를 떠나는 수모를 당했습니다. 나폴레옹이 없는 프랑스와 영국 사이에 평화조약이 맺어지면서 더 이상 유럽 대륙에 남아 있을 필요가 없게 된 영국군은 영미 전쟁에 투입되었습니다.

영국은 반세기 전까지만 해도 식민지였던 미국이 전쟁을 걸어오자 이번 기회에 단단히 혼내주기로 작정하고 대군을 보냈습니다. 미국 북부·남부·중부로 영국군이 밀려오자 미군은 크게 당황해 우왕좌왕하기 바빴습니다. 1814년 8월 영국군 최정예로 구성된 특수부대가 미국 정치의 심장부인 워싱턴 D.C.로 진격하면서 영미 전쟁은

---

* 이탈리아반도와 코르시카섬 사이에 있는 섬. 나폴레옹의 유배지로 유명하다.

미국 대통령 집무실을 불태운 영국군

절정에 이르렀습니다.

　영국군이 미국의 수도 워싱턴 D.C.를 급습하자 매디슨 대통령은 다급히 버지니아로 도망쳤습니다. 다행히도 영부인 돌리 매디슨_{Dolley} _{Madison} 여사가 역대 대통령의 초상화와 기밀서류를 갖고 피난길에 나서서 피해를 조금이나마 줄일 수 있었습니다. 미국의 수도를 점령한 영국군은 닥치는 대로 불을 지르고 다녔습니다. 여기에는 국회의사당과 대통령 집무실도 포함되어 있었습니다.

　영국군이 저지른 방화로 대통령 집무실은 시커먼 외관만 남기고 모든 것이 불타 없어졌습니다. 얼마 후 영국군이 물러가자 워싱턴 D.C.로 돌아온 매디슨 대통령은 흉측하게 변해 버린 대통령 집무실의 외벽을 하얀 페인트로 두껍게 칠하도록 명령했습니다. 방화의 흔적이 역력했던 대통령 집무실 전체가 하얀 페인트로 덮였습니다. 이를 계기로 대통령 집무실은 백악관The White House이라 불리게 되었습니다.

미국 국가國歌의 탄생

미국의 수도 워싱턴 D.C.를 초토화시킨 영국군은 북쪽으로 이동해 볼티모어Baltimore 공략에 나섰습니다. 볼티모어 항구 외곽에는 미군의 중요한 방어거점인 맥헨리McHenry 요새*가 자리 잡고 있었습니다. 당시 맥헨리 요새를 책임지던 사람은 조지 아미스테드George Armistead 소령으로, 얼마 되지 않는 미군과 1,000여 명의 민병대와 함께 요새를 지키고 있었습니다. 아미스테드 소령은 영국군과의 전투에 앞서 영국군이 멀리서 볼 수 있을 정도인 가로 19미터, 세로 9미터의 초대형 성조기를 만들어 요새에 게양했습니다.

맥헨리 요새를 지키던 조지 아미스테드 소령

1814년 9월 13일 새벽, 볼티모어 앞바다에 19척의 영국 함대가 모습을 드러내면서 전운

---

* 메릴랜드주 볼티모어에 있는 별모양 요새.

이 감돌기 시작했습니다. 당시 영국 군함 한 척에는 미국인 포로 석 방을 위해 변호사이자 시인인 프랜시스 스콧 키Francis Scott Key가 미국 대표로 승선해 있었습니다. 영국 함대는 새벽부터 화력을 총동원해 맥헨리 요새에 함포사격을 시작했습니다. 맥헨리 요새에도 대포가 있었지만 최신 영국 군함의 함포와 비교할 수 없을 정도로 성능이 미약해 영국 함대에 전혀 위협이 되지 않았습니다.

오전 6시부터 시작된 함포사격은 무려 25시간이나 계속되었습니 다. 영국 함대는 최소 1,500발 이상의 포탄을 발사해 배 안에 있던 스콧 키의 귀가 먹먹할 정도였습니다. 이튿날인 9월 14일 새벽, 스콧 키는 절망감 속에 갑판으로 나와 맥헨리 요새를 바라보았습니다. 영 국 해군의 무지막지한 함포사격으로 요새가 흔적도 없이 사라졌을 줄 알았지만 요새 위에는 대형 성조기가 펄럭이고 있었습니다. 그동

엄청난 폭격을 견디고 펄럭이던 성조기

안 아미스테드 소령은 영국 해군의 함포사격에 대비하여 요새를 튼튼히 정비해 놓았고, 영국군의 엄청난 포격을 불과 4명의 사망자로 막아낼 수 있었습니다.

영국군 함대 사령관은 모든 화력을 쏟아붓고도 맥헨리 요새를 파괴하지 못하자 철수 결정을 내려야 했습니다. 스콧 키는 세계 최강 영국 해군의 집중공격을 막아낸 미국인의 위대함을 글로 남기기 위해 한 편의 시를 지었습니다.

별이 빛나는 깃발

그대는 보이는가?

새벽 여명 사이로 어젯밤의 석양에서도

우리가 그토록 자랑스럽게 환호했던

넓은 띠와 빛나는 별들이 새겨진 깃발이

치열한 전투 중에도 우리가 사수한 성벽 위에서 당당히 나부끼고 있었다.

포탄의 붉은 섬광과 공중에서 작렬하는 폭탄 속에서도

우리의 성조기가 굳건히 서 있음을 우리는 보았다.

성조기는 지금도 휘날리는가?

자유의 땅, 용감한 사람들의 고향에서!

스콧 키가 지은 시 '별이 빛나는 깃발'은 미국에서 큰 반향을 불러일으켰습니다. 그의 시를 읽을 때마다 애국심에 불탄 미국인들은 영국 가요 '천상의 아나크레온에게'의 곡조에 스콧 키의 시를 가사로 붙여 '성조가'를 만들었습니다. 이후 미국인들에게 많은 사랑을 받던 성조가는 1931년 연방의회에 의해 미국 국가로 공인되었습니다.

맥헨리 요새에서 영국 군함의 포화를 견뎌 낸 성조기는 스미스소니언 Smithsonian 박물관에 영구 보관되었습니다. 다민족 이민자의 나라인 미국에서 성조기와 성조가는 미국인들을 하나로 묶는 구심점 역할을 하고 있습니다. 대부분의 나라에서 국기는 특별한 날에 게양하지만 미국에서는 1년 내내 성조기를 게양하는 사람이 많습니다.

미국인을 하나로 묶는 구심점 역할을 하는 성조기

9 · 11테러처럼 국가적 재난이 닥치면 미국인들은 애국심을 보여주기 위해 성조기를 내걸어 미국 전역을 성조기의 물결로 채웁니다. 또한 미식축구 챔피언 결정전인 슈퍼볼Super Bowl 같은 중요한 스포츠 행사가 열릴 때마다 미국인들은 성조가를 부릅니다.

무승부로 끝난 전쟁

전쟁 초기 무기력하던 미군은 영국 정예군이 미국에 상륙하자 갑자기 돌변해 놀라운 능력을 보여주기 시작했습니다. 곳곳에서 영국군을 상대로 승리를 거두며 미군을 만만하게 여겼던 영국군을 놀라게 했습니다. 심지어 영국 해군에 비해 전력 면에서 한참 뒤졌던 미

튼튼한 군함을 앞세워 영국 해군을 물리친 미국

국 해군도 영국 함대를 격퇴하면서 승전보를 울렸습니다. 미국 함대가 영국 해군을 이길 수 있었던 가장 큰 이유는 군함 수는 얼마 되지 않았지만 매우 단단하게 만들어졌기 때문입니다. 튼튼한 미국 군함은 영국군이 발사한 함포에도 끄떡없었고 신속히 반격하며 영국 군함을 격침했습니다.

미국 육군은 화력 면에서는 영국군에 뒤졌지만 익숙한 지형을 활용해 영국군을 괴롭혔습니다. 미국이 총기의 나라인 만큼 미군 중에는 뛰어난 명사수가 많았는데 그들이 저격병으로 큰 활약을 펼쳤습니다. 미군 저격병은 영국군이 나타나기를 숨어서 기다리다가 단발에 영국군을 쓰러뜨렸습니다. 이처럼 미군의 저항이 예상외로 강력하자 영국은 종전협상을 고려해야 할 상황에 내몰렸습니다.

영국은 나폴레옹과 전쟁을 치르면서 빚더미에 앉은 상태였기 때문에 영미 전쟁을 장기전으로 끌고 갈 만한 여력이 없었습니다. 미국 역시 신생 독립국으로서 재정상태가 열악하기는 마찬가지였습니다. 양국 모두 전쟁을 이어갈 수 없는 상황에 이르자 1814년 12월 벨기에 겐트Gent에서 종전협상이 시작되었습니다. 양국 모두 상대방이 받아들일 수 없는 조건을 제시하지 않아 협상은 수월하게 진행되었습니다. 12월 24일 양국은 종전협정을 체결해 30개월 넘게 끌어온 영미 전쟁을 끝냈습니다.

종전협정의 주요 내용은 두 나라가 전쟁 이전의 상태로 돌아간다는 것이었습니다. 미국은 내심 영토 확장을 노렸지만 표면적으로 아무것도 얻지 못했습니다. 영국 역시 막대한 전비만 낭비하는 데 그쳤을 뿐, 미국을 제압하는 데 실패했습니다. 양국 사이에 종전협정이

뉴올리언스에서 대승을 이끈 앤드류 잭슨

체결되었음에도 당시 통신수단이 발달하지 않아 양측은 이 사실을 모른 채 한동안 전쟁을 계속했습니다.

1815년 1월 미국 남부 뉴올리언스에서 벌어진 격전은 앤드류 잭슨Andrew Jackson이라는 새로운 영웅을 탄생시켰습니다. 미국의 앤드류 잭슨 장군은 영국군 정예군 1만 명을 맞아 신출귀몰한 전략을 자유자재로 구사하며 대승을 거두었습니다. 전투에 참여한 영국군 중 2,000여 명이 죽거나 다쳤지만 미군의 피해는 수십 명에 불과해 완벽한 미군의 승리였습니다. 이 전투를 계기로 명성을 얻게 된 앤드류 잭슨은 훗날 제7대 미국 대통령으로 당선되는 영광을 누렸습니다. 결국 영미 전쟁은 무승부로 끝을 맺었지만 미국인들은 이 전쟁에 나름대로 의미를 부여합니다.

18세기 후반 산업혁명 이후 영국은 초강대국 반열에 올라 전 세계를 쥐락펴락했습니다. 불세출의 영웅 나폴레옹도 영국을 감당하지 못해 몰락의 길을 걸어야 했습니다. 그런데 영국의 식민지에 불과했던 미국은 독립 전쟁에서 프랑스와 힘을 합쳐 영국을 이기면서 초강대국 영국의 이미지에 큰 타격을 주었습니다. 게다가 영국과 단독으로 맞붙은 두 번째 전쟁에서 무승부를 내면서 미국이 결코 만만한 나라가 아니라는 것을 보여주었습니다.

영미 전쟁 이전까지만 해도 미국인들은 신생 독립국에 불과한 자국에 대해 별다른 자부심을 느끼지 못했습니다. 그러나 영미 전쟁을 거치면서 세계 최강 영국과 어깨를 나란히 할 수 있는 자랑스러운 나라라는 인식을 갖게 되었습니다. 영국 또한 영미 전쟁이 일어나기 전에는 미국을 무시하는 처사를 일삼았지만 전쟁 이후에는 미국을 함부로 대할 수 없었습니다.

★

영미 전쟁의
뒷이야기

테쿰세의 저주

영국군과 함께 전쟁터를 누비며 미국을 괴롭히던 인디언 지도자 테쿰세는 1813년 테임즈Thames 전투에서 최후를 맞이했습니다. 당시 테쿰세와 일전을 벌인 미군 지휘관은 윌리엄 해리슨William Harrison 장군으로, 예전부터 인디언 토벌대장으로 이름을 날리던 사람이었습니다. 테쿰세는 백인들을 몰아내고 인디언의 나라를 만들고자 했던 자신의 꿈을 이루지 못하게 되자 죽기 전에 무시무시한 저주를 남겼습니다.

테쿰세는 자신을 죽음으로 몰아간 해리슨 장군이 장래에 미국의 대통령이 될 것이지만 임기 중에 죽을 것이라고 말했습니다. 또한 해리슨 이후 20년마다 미국 대통령에 당선되는 사람들은 모두 임기를 마치지 못한 채 사망할 것이라는 예언도 남겼습니다.

영미 전쟁에서 영웅이 된 해리슨 장군은 1840년 제9대 대통령 선거에서 승리해 대통령이 되었습니다. 하지만 대통령에 취임한 지 한 달 만에 백악관에서 급성 폐렴으로 숨을 거두고 말았습니다. 20년이 지난 후인 1860년 제16대 대통령에 당선된 링컨은 재선 이듬해인 1865년 암살자의 총탄에 목숨을 잃었습니다. 1880년 제20대 대통령으로 당선된 제임스 가필드James Garfield 대통령은 이듬해에 암살자의 총을 맞고 급격히 건강이 나

빠져 임기 중에 사망했습니다.

20세기 들어서도 테쿰세의 저주는 계속되어, 1900년 제25대 대통령이 된 윌리엄 매킨리 William McKinley는 무정부주의자가 쏜 총을 맞고 사망했습니다. 1920년 제29대 대통령에 당선된 워런 하딩 Warren Harding은 1923년 8월 알래스카를 방문하고 돌아오던 길에 샌프란시스코에서 급작스레 심장마비로 죽었습니다. 1940년 3선에 성공한 제32대 프랭클린 루스벨트 Franklin Roosevelt 대통령은 1944년 4선에 성공한 후 이듬해인 1945년 뇌출혈로 사망해 임기를 마치지 못했습니다. 1960년 제35대 대통령에 당선된 존 F. 케네디 John F. Kennedy는 1963년 텍사스를 방문했다가 전 국민이 생중계로 지켜보는 가운데 죽임을 당했습니다.

그런데 1980년에 당선된 제40대 로널드 레이건 Ronald Reagan 대통령부터 변화가 일어났습니다. 레이건 대통령 역시 당선된 지 얼마 안 되어 테러범의 총격으로 죽음 직전까지 갔지만 유능한 의사들의 노력 덕분에 목숨을 건졌습니다. 당시 레이건 대통령은 고령이어서 몸속에 박힌 총탄을 제거하는 고난도 수술을 감당하기가 쉽지 않은 상태였지만 모두 견뎌 내고 임기를 마쳤습니다. 이로써 레이건은 테쿰세의 저주 이후 살아서 백악관을 나온 첫 번째 대통령이 되었습니다.

2000년 제43대 대통령으로 당선된 조지 W. 부시 George W. Bush 대통령 역시 죽을 고비를 간신히 넘겼습니다. 부시 대통령이 집권한 지 불과 몇 달 만에 미국 역사상 최악의 9·11테러 사건이 발생했습니다. 미국을 증오하던 무슬림 테러리스트들은 미국의 민간 여객기를 공중 납치해 미국의 주요 시설을 공격했습니다. 미국의 경제 중심지인 뉴욕의 세계무역센터 쌍둥이 빌딩과 미국 국방성 건물인 펜타곤이 공격을 받았습니다.

공중 납치된 민간 여객기 중 한 대는 백악관을 향해 돌진했는데 승객들이 필사적으로 저항해 백악관에 다다르기 전에 펜실베이니아에서 추락하고 말았습니다. 이후로도 부시 대통령은 백악관에서 과자를 먹다가 목에 걸리는 바람에 숨이 막혀 죽기 직전에 이른 적도 있었습니다. 부시 대통령은 천신만고 끝에 레이건 대통령에 이어 테쿰세의 저주를 거스르고 걸어서 백악관을 나온 두 번째 대통령이 되었습니다.

사실 테쿰세의 저주는 과학적으로 설명이 불가능한 괴담에 불과할 수 있습니다. 그러나 미국 건국의 역사는 인디언 몰락의 역사라고 불릴 만큼 삶의 터전을 잃어버린 인디언의 마음속에는 통한의 감정이 남아 있습니다. 이는 테쿰세의 저주가 되어 오늘날에도 사람들의 입에 오르내리고 있습니다.

3장

미국에 방대한 영토를 안겨 준

멕시코 전쟁

신생 독립국 멕시코

1521년 유럽의 스페인 사람들이 들어오기 전까지 멕시코는 원주민들의 안식처였습니다. 멕시코 원주민들은 야만인이 아니라, 마야Maya 문명과 아즈텍Aztec 문명을 일으킨 수준 높은 문명인이었습니다. 이들은 다른 중남미 원주민과 달리 국가를 세우고 도시를 건설하며,

수준 높은 문명을 가진 멕시코 원주민

멕시코의 인구 구성 다수를 차지하는 메스티소

독자적인 문자를 가질 정도로 고도의 문명을 이룩했습니다.

하지만 유럽 사람들이 멕시코를 차지한 이후로 원주민들은 인간 취급도 받지 못하는 열등한 존재로 전락하고 말았습니다. 심지어 스페인 정복자의 후손들인 크리오요 criollo*조차 외형적으로는 백인과 구별이 되지 않았지만 식민지 출신이라는 이유만으로 차별받았습니다.

멕시코 계층구조의 정점에는 유럽에서 이곳을 통치하기 위해 건너온 스페인 사람들이 있었습니다. 그 다음으로 멕시코에서 태어난 크리오요가 두 번째 계급을 차지했고, 마지막으로 원주민이 사회의 가장 밑바닥에서 하층민을 이루고 있었습니다. 시간이 흐르면서 크리오요와 원주민의 혼혈인 메스티소mestizo**의 수가 큰 폭으로 늘어나 인구 구성 비율에서 압도적인 다수를 차지했습니다.

이처럼 크리오요와 메스티소의 수가 갈수록 늘어났지만 스페인

---

* 신대륙 발견 이후 서인도제도를 포함한 남북아메리카의 스페인 식민지에서 태어난 백인. '크리올(Criole)'이라고도 한다. 오늘날에는 보통 유럽계와 현지인의 혼혈을 의미한다.
** 중남미 원주민인 아메리카인디언과 스페인계·포르투갈계 백인과의 혼혈인종.

왕실은 이들을 계속 무시했습니다. 300년 넘게 압제에 시달리던 멕시코 사람들은 19세기 들어 스페인의 국력이 급격히 기울어지는 틈을 타 독립을 꿈꾸게 되었습니다.

멕시코 독립운동에 앞장선 이달고 신부

1810년 크리오요인 미겔 이달고 Miguel Hidalgo 신부가 스페인으로부터 멕시코 독립을 선언하면서 독립 전쟁의 불길이 타올랐습니다. 강경한 진압에 나선 스페인은 이듬해 이달고 신부를 사형에 처하며 공포 분위기를 조성했습니다. 하지만 한 번 타오르기 시작한 독립의 열기는 계속 이어져 멕시코 전역에서 무장 봉기가 일어났습니다.

10년 넘게 계속된 멕시코의 독립 투쟁을 더 이상 감당할 수 없었던 스페인 정부는 1821년 마침내 독립을 인정했습니다. 멕시코는 독립할 때만 해도 오늘날 리오그란데 Rio Grande 강* 이남 영토는 물론 현재 미국 영토인 텍사스·애리조나·뉴멕시코·네바다·유타 등 방대

---

* 미국과 멕시코의 국경지대를 흐르는 강.

한 영토를 가진 대국이었습니다. 하지만 신생 독립국 멕시코는 리오그란데강 이북을 거의 방치하다시피 했습니다. 텍사스·캘리포니아 등 리오그란데강 이북에 있던 영토는 오늘날 미국 영토의 3분의 1에 달할 정도로 방대하지만 당시 주민들이 거의 살지 않아 황무지나 다름없었습니다.

미국인의 텍사스 이주

19세기 들어 미국은 유럽에서 유입되는 이민자가 폭증하면서 초기 정착지인 동부 지역의 땅이 점차 부족해지기 시작했습니다. 이후 신규 이민자들은 땅을 찾아 남부와 서부로 향했고 자연스럽게 이들 지역의 인구가 늘어났습니다. 이곳으로 몰려든 이민자는 관리가 거의 되지 않고 있던 리오그란데강 이북의 멕시코 땅을 탐내기 시작했습니다.

1821년 신생 독립국 멕시코는 이주민에게 세금을 거두어들일 요량으로 미국인의 텍사스 이주를 허용했습니다. 다만 멕시코 정부는 미국 사람들에게 땅을 주는 조건으로 완전한 멕시코 사람이 되기를 요구했습니다.

17세기부터 리오그란데강을 기준으로 남과 북은 인종과 종교가 확연히 달랐습니다. 리오그란데강 이북의 미국 땅에는 영국 출신의

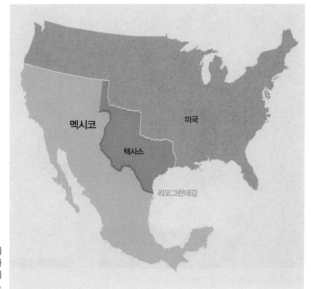

독립 직후의
광대한 멕시코와
당시 멕시코의
영토였던 텍사스

황무지나 다름없던 리오그란데강 이북 지역

미국 백인의 주류를 차지하는 앵글로색슨족

앵글로색슨 Anglo-Saxon 계* 이주자가 몰려들어 그들만의 문화를 이루
었습니다. 이들은 주로 하얀 피부에 푸른 눈을 가졌으며, 키가 크고
개신교를 신봉했습니다. 미국의 주류가 된 서유럽 출신 앵글로색슨
계 이민자는 자신들이 다른 어느 인종보다도 우월하다고 생각했습
니다.

한편, 멕시코를 포함해 리오그란데강 이남에서 식민지를 개척한
나라는 남유럽의 스페인과 포르투갈이었습니다. 포르투갈이 남미
대륙에서 브라질을 차지했고, 그 외 중남미 대부분의 지역은 스페인
식민지였습니다. 남유럽 사람들은 북·서유럽의 앵글로색슨족에 비

---

* 5세기에 독일 북서부에서 영국 그레이트브리튼섬으로 건너온 게르만인의 한 파. 현재의 영국 국민의 중심을 이루는 민족이다.

해 키가 작고 갈색 눈동자를 가졌으며, 종교는 가톨릭이었습니다. 게다가 스페인 사람들과 원주민 간의 혼혈이 많이 이루어져, 순수 유럽인이 절대다수였던 미국 사람과는 외적으로 확연히 구별될 정도로 차이가 났습니다.

이와 같이 리오그란데강을 중심으로 남과 북이 인종적으로 큰 차이가 있었음에도 불구하고 멕시코는 리오그란데강 위쪽과 아래쪽을 모두 자국의 영토로 가지고 있었습니다. 하지만 리오그란데강 이북은 멕시코 사람들이 거의 살지 않아 개발이 지연되고 있었습니다. 이에 멕시코는 미국 이민자들을 받아들임으로써 미개척 문제를 해결하려고 했습니다.

멕시코 정부는 텍사스에 정착하려는 미국인들에게 개신교를 버리고 가톨릭으로 개종할 것과 스페인식 이름으로 바꾸고 빠른 시간 내에 스페인어를 익힐 것을 요구했습니다. 또한 국적을 멕시코로 바꾸고 정부에 복종할 것을 요구했습니다. 이는 사실상 미국인들에게 정체성을 버리라는 가혹한 요구였지만, 땅이 필요했던 가난한 미국 사람들은 멕시코 정부의 요구에 순순히 따랐습니다.

미국인들이 멕시코 정부의 무리한 요구를 얌전히 받아들인 데는 나름대로의 치밀한 계산이 숨어 있었습니다. 모든 것이 부족하고 서툰 신생 독립국 멕시코 정부가 수도에서 엄청나게 먼 거리에 있던 텍사스까지 시시콜콜 간섭하지 못할 것이라고 판단했던 것입니다.

황무지를 옥토로 바꾼 텍시안

1821년 최초로 300명의 미국인이 멕시코 정부의 허가를 받아 텍사스에 정착을 시작한 이후 시간이 흐를수록 점점 많은 미국인이 텍사스로 향했습니다. 텍사스에 정착한 미국인들은 텍시안Texian이라 불렸으며, 정착 초기에는 테하노Tejano라 불린 멕시코 사람들과 별 탈 없이 지냈습니다.

멕시코 정부가 이민을 받아들인 지 6년 만인 1827년 텍시안 인구는 1만 2,000명에 달했지만, 리오그란데강 이남에서 이주한 테하노의 인구는 5,000명에 미치지 못해 텍사스는 미국인 천하가 되어 갔습니다. 이민 초기의 텍시안은 종교까지 개종하면서 텍사스에 정착해야 할 정도로 경제적으로 궁핍한 처지였지만, 새로운 땅에서 죽을 힘을 다해 황무지를 옥토로 바꾸는 기적을 만들었습니다.

텍시안은 인구가 2만 5,000명을 넘어서고 테하노를 하인으로 부릴 만큼 탄탄하게 뿌리를 내리자 더 이상 멕시코 정부의 눈치를 볼 필요가 없었습니다. 더구나 하루가 멀다 하고 군사쿠데타가 일어나 혼란에 빠져 있던 멕시코 정부는 텍사스까지 신경 쓸 여력조차 없었습니다. 이런 상황을 틈타 텍시안은 차츰 스페인식 이름 대신 본래의 이름을 사용하기 시작했고 가톨릭을 버리고 개신교로 다시 돌아갔습니다.

당시 목화농장을 운영하던 텍시안은 더 많은 땅을 개간하기 위해 아프리카에서 노예까지 들여와 영역을 점점 확장해 나갔습니다. 이처럼 텍시안의 영향력이 지나치게 비대해지자 멕시코 정부는 견제의 필요성을 느끼기 시작했습니다. 1829년 멕시코 정부는 멕시코 법에 노예제를 엄격히 금지하고 있는 점을 들어 텍시안에게 노예를 해방할 것을 명령했습니다. 이듬해 1830년에는 미국인들의 추가 이민을 금지하며 더욱 강력한 조치에 나섰습니다.

텍사스 독립 전쟁

텍시안은 척박한 땅을 기름진 땅으로 변모시킬 정도로 근면한 동시에 강인한 기질을 가지고 있었습니다. 좋게 말하면 강인하다고 할 수 있지만 사실상 거칠다는 표현을 써도 될 만큼 호전적이었습니다.

호전적이던 텍시안

청바지에 카우보이모자*를 쓰고 총을 든 거친 이미지의 그들은 정부의 말을 잘 듣는 온순한 사람들과는 거리가 멀었습니다.

　1829년부터 멕시코 정부의 간섭이 늘어나자 텍시안은 노골적으로 저항하면서 점차 독립의 필요성을 느끼기 시작했습니다. 이후 그들은 멕시코 정부에 텍사스를 독립시켜 달라는 청원을 계속했지만 뜻을 이루지 못했습니다. 사실 멕시코 정부 입장에서 보면 텍시안은 배은망덕한 사람들이었습니다. 미국에서 손바닥만 한 땅도 없이 소

---

* 미국 서부 지방이나 멕시코 등지의 목장에서 말을 타고 일하는 카우보이들이 쓰는 모자. 꼭대기의 가운데가 깊고 테가 넓게 둘러쳐졌으며 양옆이 올라간 모양이다.

작농으로 지내던 가난한 사람들에게 넓은 땅을 내주었더니 먹고살 만해지자 일체 간섭을 하지 말라는 요구를 했기 때문입니다.

1833년 1월 멕시코 대통령 선거에서 안토니오 산타안나_{Antonio López} de Santa Anna가 당선되면서 상황이 급변하기 시작했습니다. 산타안나는 스페인의 후손인 크리오요로, 16세 때 간부후보생*으로 스페인 군대에 입대해 장교가 되었습니다. 스페인군 장교가 된 그는 멕시코 독립 전쟁이 일어나자 스페인 편에 서서 독립군을 처형하는 일에 앞장섰습니다.

하지만 1821년 멕시코 독립 전쟁에서 스페인이 궁지에 몰리자 기회주의자였던 산타안나는 돌연 태도를 바꿔 독립군 편에 가담해 스페인군에 맞서 싸웠습니다. 스페인군의 장단점을 누구보다 잘 알고 있던 산타안나는 멕시코 독립 전쟁에 적지 않은 도움을 주었습니다.

1829년 멕시코에서 물러났

멕시코의 나폴레옹이라 자부하던 산타안나

---

* 정규 사관학교 이외의 군사학교에서 장교가 되기 위한 단기교육 훈련 과정에 있는 사람.

던 스페인이 식민지 회복을 위해 대군을 파견해 다시 침공해 들어왔습니다. 산타안나는 이를 격퇴해 일약 국민적 영웅으로 떠올랐습니다. 사람들은 산타안나를 '멕시코의 나폴레옹'이라 치켜세우며 그를 따랐습니다. 그 여세를 몰아 산타안나는 1833년 멕시코 대통령에 당선되었습니다.

하지만 산타안나는 대통령이 되자마자 권력에 집착해 민주주의를 부정하고 독재자의 길로 들어섰습니다. 그는 멕시코 국민들뿐 아니라 텍시안에 대해서도 탄압을 일삼아 원성을 샀습니다. 텍시안에게 멕시코 사람들처럼 행동하기를 강요했고 총기를 불법화했습니다.

당시 텍사스에서는 적지 않은 인디언이 수시로 백인 마을을 상대로 노략질을 했기 때문에 텍시안은 총기 없이는 도저히 살아갈 수 없었습니다. 텍시안 대표는 산타안나에게 총기 소유권만큼은 허용해

텍시안의 지도자로 선출된 샘 휴스턴

달라고 간청했지만 거절당했습니다. 오히려 그는 '불법으로 총기를 소유한 사람은 교수형에 처한다.'는 엄명을 내려 텍시안을 분노케 했습니다.

1835년 이미 텍사스의 지배 세력으로 자리 잡은 텍시안은 더 이상 멕시코의 통치 아래 있을 필요가 없다고 판단했습

니다. 그들은 지도자로 샘 휴스턴Sam Houston을 선출해 독립을 선언하고 멕시코와의 투쟁에 나섰습니다. 텍시안이 독립을 선언하자 멕시코 군대는 텍사스에 있던 대포를 돌려 달라고 요구했습니다. 하지만 샘 휴스턴은 멕시코의 요구를 단번에 거절하며 필요하면 직접 가져가라고 말했습니다.

같은 해 10월 대포를 가져가기 위해 들어온 멕시코 군대를 텍시안 민병대가 몰살하면서 텍사스 독립 전쟁이 막을 올렸습니다. 텍시안 민병대는 여세를 몰아 텍사스의 골리아드Goliad 타운을 점령한 후, 남부에 있는 도시 샌안토니오San Antonio까지 진출하며 의기양양했습니다. 이듬해 2월 멕시코 대통령 산타안나는 3,000명의 병력을 이끌고 샌안토니오로 출병해, 그곳의 알라모Alamo 요새를 지키고 있던 187명의 민병대와 맞섰습니다.

사실 텍시안 민병대는 수가 너무 적어 멕시코군과 도저히 대적할

텍시안 민병대가 전멸한 알라모 요새

수 없는 처지였지만 그들은 항복 대신 죽음을 선택했습니다. 1836년 2월 23일부터 13일간 텍시안 민병대는 알라모 요새를 지키기 위해 필사적으로 싸웠습니다. 하지만 수적 열세를 극복할 수 없었습니다. 3월 6일 텍시안 민병대의 탄약이 떨어지자 멕시코 군대가 물밀듯이 공격해 들어왔고, 결국 전투에 참여한 모든 민병대원은 장렬한 죽음을 맞이했습니다.

산타안나는 전사한 텍시안 민병대의 시신에 기름을 부어 형체를 알 수 없도록 태워 버리는 잔혹함을 보였습니다. 대개의 경우 전사한 적군 병사의 시신을 수습해 매장해 주는 것이 관례였지만, 기본적인 예의조차 무시한 그의 잔인한 행동은 텍시안의 분노를 불러일으켰습니다.

텍사스의 독립영웅, 샘 휴스턴

알라모 요새에서 텍시안 민병대가 전멸했다는 소식은 순식간에 텍사스 전역으로 퍼져 나갔습니다. 이 사실은 텍사스에 정착해 살던 모든 텍시안에게 큰 충격을 안겼고, 가뜩이나 멕시코에 대해 불만이 가득했던 이들을 결집하는 효과를 가져왔습니다.

지도자 샘 휴스턴은 텍사스 전역에서 지원병을 모아 멕시코 군대와의 결전을 준비했습니다. 다행히도 남성 텍시안 대부분이 총기를 잘 다루었습니다. 그동안 정착지를 노리는 인디언과 싸우기 위해 부단히 사격술을 익혔던 터라 이들은 멕시코 군인보다 사격술이 뛰어났습니다. 샘 휴스턴은 "알라모의 죽음을 기억하자."라는 구호를 내세워 텍시안을 하나로 묶으며 멕시코에 대한 복수를 다짐했습니다. 당시 샘 휴스턴은 미합중국에 여러 차례 도와 달라고 간곡히 부탁했지만, 전쟁에 말려들 생각이 없었던 미국은 그의 제안을 가차 없이 거절하는 비정함을 보였습니다.

한편, 알라모 전투에서 텍시안을 전멸시킨 대통령 겸 총사령관 산타안나는 자신의 능력을 과신했습니다. 과거 식민지 모국인 스페인 군대를 박살낸 경험이 있는 데다 알라모에서 텍시안까지 모조리 해치우고 나자 더 이상 자신을 이길 자가 세상에 없다고 확신했던 것입니다. 그러나 사실 멕시코 군대가 알라모 전투에서 승리한 것은 산타안나의 탁월한 지휘 능력 덕분이 아니라, 오로지 16배에 달하는 수적 우위 때문이었습니다.

산타안나는 부하들에게 힘찬 목소리로 "텍사스를 넘어 미국의 수도 워싱턴 D.C.까지 정복해 미국도 나의 발밑에 둘 것이다."라고 선언하며 진격을 명령했습니다. 1836년 4월 산타안나는 텍시안 민병대를 토벌하기 위해 1,300명의 멕시코 군대를 이끌고 샌저신토San Jacinto에 이르렀습니다. 샘 휴스턴 역시 민병대 900여 명을 동원하여 멕시코군과의 결전을 위해 그곳으로 향했습니다.

4월 21일 한껏 자신감에 도취된 산타안나는 텍시안 민병대 따위는 멕시코 정규군의 상대가 될 수 없다고 생각해 보초도 세우지 않은 채 병사들에게 낮잠을 허락했습니다. 멕시코 군인들이 세상모르

방심하다가 샘 휴스턴에게 대패를 당한 산타안나

고 낮잠에 곯아떨어진 사이, 텍시안 민병대가 기습공격을 감행하면서 멕시코군 진영에 일대 혼란이 벌어졌습니다. 텍시안 민병대의 갑작스러운 공격에 멕시코군 절반이 총 한 번 제대로 쏘지 못하고 죽음을 맞이했습니다. 산타안나를 비롯한 나머지 병사들 모두는 포로로 사로잡혔습니다.

이에 반해 텍사스 민병대는 9명이 전사하고 30명이 부상을 당하는 데 그치는 압승을 거뒀습니다. 샘 휴스턴은 산타안나를 포로로 잡고 텍사스의 독립을 인정하라고 압박했습니다. 겁을 먹은 산타안나는 텍사스 독립을 인정하는 문서에 다급히 서명했고, 이로써 텍사스는 독립국가가 되었습니다.

산타안나가 텍사스의 독립을 인정하자 멕시코 의회는 발칵 뒤집혔습니다. 멕시코는 국왕이 절대적인 권한을 휘두르는 왕국이 아니

부상당한 샘 휴스턴에게 항복하는 산타안나

라 국민이 주권자인 공화국이었기 때문에 산타안나에게는 마음대로 멕시코 영토를 포기할 수 있는 권한이 없었습니다. 하지만 오로지 자신의 목숨을 건지는 데만 급급했던 산타안나는 의회의 승인도 없이 본인 마음대로 멕시코 영토를 포기하는 협정에 서명함으로써 매국노로 전락하고 말았습니다. 곧이어 멕시코 의회가 '텍사스가 미국에 편입되지 않는다.'라는 조건을 붙여 독립을 인정하면서 독립 전쟁은 끝을 맺었습니다.

론스타 공화국

1836년 멕시코로부터 독립한 텍사스는 민주적인 헌법을 만들고 공화국으로 거듭났습니다. 샘 휴스턴은 독립 전쟁을 승리로 이끈 공

론스타 공화국으로
독립한 텍사스의 국기

로를 인정받아 텍시안 초대 대통령의 자리에 올랐습니다. 하지만 멕시코가 호시탐탐 텍사스를 공격할 기회만 엿보고 있었기 때문에 샘 휴스턴의 마음은 불편하기 짝이 없었습니다. 그는 대통령직에 오른 이후로 계속 텍사스를 미국 연방의 일원으로 받아 달라고 요청했습니다. 하지만 미국은 국내의 복잡한 정치 사정 때문에 텍사스를 연방 구성원으로 받아들이기를 주저했습니다.

당시 미국은 노예 문제로 남부와 북부 간 이해대립이 격화되고 있었습니다. 노예를 기반으로 한 대규모 목화 플랜테이션*을 통해 경제를 지탱하던 남부와 공업의 육성을 통해 발전을 이루려는 북부가 노예제를 두고 심각한 마찰을 빚고 있었던 것입니다. 당시 미국 연방은 노예제를 찬성하는 남부 13개 주와 반대하는 북부 13개 주가 절묘한 균형을 이루고 있던 상태였기 때문에 텍사스가 미국 연방에 가입하면 힘의 균형이 무너질 수밖에 없었습니다. 게다가 대부분의 미국 사

* 설탕·커피·고무·솜·담배 따위의 특정 농산물을 대량으로 생산하는 경영 형태.

람은 호전적이고 거친 기질로 악명 높은 텍시안에 대해 부정적인 생각을 가지고 있었습니다.

북부 주들이 노예제의 확산을 우려해 텍사스의 연방 가입을 적극적으로 저지하면서 텍사스는 본의 아니게 독립국가로 남아 있어야 했습니다. 텍시안은 미합중국에 합병되고자 하는 갈망을 담아 텍사스 국기에 큰 별 하나를 그려 넣고 국호를 '론스타 공화국Lone Star Republic'으로 정했습니다. 텍사스를 상징하는 론스타 공화국은 홀로서기를 하는 과정에서 멕시코의 끊임없는 위협과 미국의 무관심 속에서도 나름대로 독립국가로서 자립하기 위해 부단한 노력을 기울였습니다.

1839년 프랑스를 시작으로 영국·네덜란드·벨기에 등 유럽 열강

- □ 론스타 공화국 영토(전체)
- ■ 론스타 공화국
- ■ 론스타 공화국(영유권 분쟁 지역)
- □ 현재의 텍사스주

론스타 공화국의 위치

이 론스타 공화국과 외교관계를 맺으며 신생 독립국에 대한 지원을 아끼지 않자, 미국은 차츰 곤란한 입장에 놓이기 시작했습니다. 유럽 국가들은 하루가 다르게 국력이 커져 가던 미국을 견제하기 위해 론스타 공화국에 대한 지원을 아끼지 않았습니다. 이에 미국은 더욱 초조해졌습니다. 더구나 론스타 공화국과 원수관계에 있던 멕시코마저 침략할 생각을 포기하고 론스타 공화국에 화해의 손을 내밀며 미국을 견제하려 들었습니다.

궁지에 몰린 미국은 1845년 론스타 공화국을 미합중국 연방의 일원으로 받아들이는 결단을 내렸습니다. 론스타 공화국이 미국에 넘어가자, 멕시코는 론스타 공화국에 거칠게 항의했습니다. 1836년 텍시안이 멕시코로부터 독립하는 조건으로 미합중국 연방에 참여하지 않기로 약속했기 때문입니다. 하지만 론스타 공화국은 멕시코와의 약속은 안중에도 없이 미합중국의 일원이 되었습니다. 이는 결국 또 다른 전쟁의 불씨가 되었습니다.

미국-멕시코 전쟁

론스타 공화국은 미합중국의 일원이 된 후 텍사스주가 되었습니다. 멕시코는 미국이 그들의 땅을 빼앗아 갔다고 여겨 단단히 복수를 벼르고 있었습니다. 미국 역시 서부 개척을 위해서는 멕시코와 일전을 피할 수 없다고 생각했습니다. 대서양에서 태평양에 이르는 거대 국가를 만들기 위해서는 텍사스주뿐만 아니라 애리조나·뉴멕시코

·유타·네바다·캘리포니아주도 반드시 필요했습니다. 하지만 이 지역은 모두 멕시코 땅이었습니다.

멕시코 침략의 당위성을 주장해 큰 호응을 얻은 존 오설리번

론스타 공화국 합병 이후, 미국이 멕시코에 리오그란데강 이북 땅을 모두 넘기라고 여러 차례 요구했지만 멕시코는 매번 거절했습니다. 이에 미국은 멕시코를 침략할 구실을 찾기 시작했습니다. 때마침 1845년 미국 언론인 존 오설리번 John O'Sullivan의 '명백한 운명 Manifest Destiny'이라는 이론이 등장해 미국 국민들의 절대적 지지를 받았고, 이 이론을 근거로 이제 멕시코와의 전쟁은 피할 수 없는 것이 되어 갔습니다. 이 이론은 위대한 백인 국가 미국이 대서양에서 태평양에 이르는 거대한 국가를 건설하는 것은 선택의 여지가 없는 신으로부터 부여받은 의무라는 주장이었습니다.

즉, 북미 대륙에서 인디언과 멕시코인을 몰아내고 위대한 백인 국가를 세우는 것이 미국 사람들의 명백한 운명이기 때문에 절대로 회피해서는 안 된다는 것이었습니다. 오설리번의 주장은 미국의 팽창주의를 합리화하는 견해에 지나지 않았지만, 미국 사회에 엄청난 파장을 몰고 왔습니다.

신의 뜻에 따라 아메리카 대륙 전체를 백인의 국가로 만들어야 한다고 주장한 '명백한 운명'

　1846년 미국의 제임스 포크_{James K. Polk}* 대통령은 은밀하게 전쟁 준비를 지시했습니다. 이에 따라 수천 명의 중무장한 미군이 리오그란데강으로 이동했습니다. 멕시코 역시 미군을 막기 위해 국경 지역의 군사력을 크게 강화했습니다. 리오그란데강을 경계로 양국 대군이 집결하면서 긴장감이 높아지기 시작했습니다.

　당시 미국의 군사력은 멕시코에 비해 압도적이었기 때문에 멕시코는 미국에 전쟁의 빌미를 주지 않으려고 극도로 조심했습니다. 이에 반해 미국은 멕시코의 공격을 유도하기 위해 수시로 도발을 감행하면서 멕시코를 자극했습니다.

---

* 미국의 제11대 대통령. 1845년부터 1849년까지 재임했다.

1846년 4월 25일 접경 지역
에서 양국 군대 간에 사소한 마
찰이 생겨 소수의 멕시코군이
미군을 공격하는 사태가 벌어졌
습니다. 그동안 멕시코군의 공
격을 기다렸던 제임스 포크 대
통령은 약간의 사상자가 발생했
음에도 불구하고 마치 멕시코의
대대적인 침략이나 공격을 받은
것처럼 호들갑을 떨며 멕시코를

멕시코와의 전쟁 준비에 나선 제임스 포크 대통령

응징해야 한다는 목소리를 내기 시작했습니다.

　미국은 5만 명이 넘는 군대를 동원해 멕시코를 응징하기로 결정했
습니다. 대부분의 미국인이 영토를 크게 넓힐 수 있는 멕시코와의 전
쟁 결정에 환호하며 앞다투어 전쟁을 지원했습니다. 미국이 전쟁 준
비에 들어감에 따라 멕시코도 전시체제로 전환해 떠오르는 강대국
미국에 맞서고자 했습니다.

　1846년 5월 8일 양국 군은 팔로알토Palo Alto에서 첫 번째 전투에 돌
입했습니다. 2,300명의 미군은 강인한 투지를 앞세워 두 배에 가까
운 멕시코군을 대파하며 첫 전투를 깔끔한 승리로 장식했습니다. 뒤
이어 벌어진 레사카 데 라 팔마Resaca de la Palma 전투에서는 미군 1,700
명과 멕시코군 4,000명이 맞붙었습니다. 하지만 이번에도 멕시코군

팔로알토 전투에서 대승을 거둔 미군

레사카 데 라 팔마 전투에서도 승리한 미군

멕시코의 수도까지 점령한 미군

은 수적 우위에도 불구하고 미군에 대패를 면치 못했습니다.

멕시코군의 연이은 패전은 미군에 비해 성능이 떨어지는 무기 탓도 있었지만, 지휘관의 무능이 가장 큰 원인이었습니다. 멕시코군 장군들은 미군 지휘관들에 비해 작전을 기획하고 실행에 옮기는 능력이 현저히 부족했고, 서로 반목하며 협조하지 않았습니다. 게다가 부정부패가 만연한 멕시코 군부는 뇌물을 받고 성능 미달의 무기를 대거 납품받아, 최신 무기를 앞세운 미군에 적수가 되지 못했습니다.

또한 멕시코의 내부적인 사정도 매우 불안해 1821년부터 1860년까지 정권이 무려 50번이나 바뀌었습니다. 산타안나 역시 1833년부터 1855년까지 11차례에 걸쳐 대통령직에 올랐다가 쫓겨나기를 반복했을 정도로 정계의 투쟁이 그칠 날이 없었습니다.

이와 같이 전쟁을 제대로 수행할 수 없는 열악한 상황임에도 불구하고 멕시코 장병들은 죽음을 무릅쓰고 최선을 다해 미군에 대적했지만 전쟁을 승리로 이끌기에는 역부족이었습니다. 2년 동안 계속된 전쟁에서 미군은 1,700여 명이 전사했지만, 멕시코군은 전사자가 1만 1,500여 명에 이를 정도로 인명피해가 막대했습니다.

1847년 9월 리오그란데강을 건너 멕시코 영토로 진격한 미군은 수도 멕시코시티를 점령하면서 한껏 기세를 떨쳤습니다. 미군이 멕시코시티를 점령할 당시 사회지도층 인사 대부분은 자신과 가족의 목숨을 건지기 위해 도시를 빠져나간 상태였고, 나이 어린 육군 사관생도만 끝까지 미군에 맞서다가 장렬한 죽음을 맞이했습니다. 멕시코의 지도 세력은 수도까지 점령당하자 싸울 의지를 모두 잃고 미국과 전쟁을 끝내기 위한 협상에 나섰습니다.

멕시코의 몰락과 미국의 부상

1848년 2월 미국은 멕시코와 조약을 맺고 리오그란데강 이북의 모든 땅을 차지했습니다. 이로써 오늘날 캘리포니아·뉴멕시코·애리조나·콜로라도·네바다·유타주에 해당하는 엄청난 규모의 영토를 새로이 확보했습니다. 미국은 멕시코로부터 영토를 강탈했다는 비난을 받지 않기 위해 멕시코 정부에 1,500만 달러를 지급하고, 멕시코가 미국에 지고 있던 빚 325만 달러도 탕감해 주었습니다.

당시 1,500만 달러는 멕시코 정부의 1년 예산에도 미치지 못하는

와이오밍

네바다

유타

캘리포니아

콜로라도

캔자스

애리조나

뉴멕시코

오클라호마

텍사스

미국-멕시코 국경

멕시코

□ 기존의 멕시코 영토
■ 현재의 멕시코

전쟁에 연달아 패하며
영토가 반으로 줄어든 멕시코

대규모 금광이 발견되며 서부 개척의 시작점이 된 캘리포니아

텍사스에서 발견된 초대형 유전

할리우드로 유명한 캘리포니아

캘리포니아의 주요 농작물 중 하나인 오렌지

적은 금액이었지만 전쟁에 대패한 멕시코 정부로서는 미국이 주는 대로 받을 수밖에 없었습니다. 전쟁 패배로 인해 멕시코는 영토의 절반이나 잃어버리면서 리오그란데강 이남으로 세력이 크게 위축되었습니다. 이후 멕시코는 강대국 지위에 오르지 못한 채 극심한 내분에 시달리며 미국의 눈치나 보는 약소국으로 전락했습니다.

이에 반해 미국은 폭발적인 성장가도를 달리기 시작했습니다. 1848년 캘리포니아에서 대규모 금광이 발견되면서 본격적인 서부 개척이 시작되었습니다. 금맥이 처음 발견된 이후 10년 동안 채굴한 금의 가치는 10억 달러 이상으로, 이는 멕시코에 지급한 땅값의 66배에 달하는 엄청난 액수였습니다.

또한 텍사스에서 초대형 유전이 연달아 발견되면서 미국은 제2차 세계대전까지 세계 최대 산유국의 지위를 누렸습니다. 그러니 만일 멕시코가 캘리포니아와 텍사스만 잃지 않았더라면 자원부국으로서 얼마든지 풍요를 누릴 수 있었을 것입니다.

미국은 캘리포니아주를 차지함으로써 태평양을 통해 아시아와 중동 지역에 진출하며 전 세계에 영향력을 미치는 패권국가로 성장했습니다. 멕시코 전쟁의 승리 이후 미국은 호전적인 대외정책을 선호하기 시작했습니다. 미국 정부는 강력한 무력을 앞세우는 것이 가장 효과적으로 상대방을 제압하는 수단이라 여겨 이후 끊임없이 전쟁에 개입했습니다.

미국 내 멕시코 사람들

멕시코에서 넘겨받은 영토 중에 캘리포니아와 텍사스는 오늘날에도 미국 경제를 이끌어 가는 쌍두마차 역할을 하고 있습니다. 캘리포니아는 인구가 4,000만 명에 육박하며 미국에서 가장 인구가 많은 주로 성장했습니다. 인구만 많은 것이 아니라 정보통신기술·항공기 제조·반도체·농업 등 전 분야에 걸쳐 세계 최고의 경쟁력을 갖추고 해마다 엄청난 부가가치를 만들어 내고 있습니다. 캘리포니아의 경제규모는 인구 2억 명이 넘는 브라질의 경제규모보다 큽니다. 온화한 날씨와 무엇을 재배하든지 쑥쑥 잘 자라는 비옥한 토양은 캘리포니아를 세계적인 농업 지역으로도 만들어 주었습니다.

텍사스주는 미국에서 알래스카주 다음으로 면적이 크고 캘리포니아 다음으로 인구가 많습니다. 또한 지금도 해마다 많은 에너지 기업이 대량의 석유를 채굴하면서 호황을 누리고 있습니다. 남동부에 있는 도시 휴스턴을 중심으로는 항공우주 산업이 발전해 미국의 우주 개발 전초기지 역할도 하고 있습니다.

오늘날에도 텍사스 주민들은 미국의 여느 주에 살고 있는 사람들과는 다른 정체성을 가지고 있습니다. 1836년부터 1845년까지 9년 동안 독립 공화국을 경험했던 텍사스 주민들은 세월이 한참 지났음에도 불구하고 미국인이라기보다는 텍시안으로 불리기를 선호합니다. 텍사스의 관공서에는 미국 성조기와 함께 별이 하나 그려진 과거 론스타 공화국의 깃발이 나란히 나부끼고 있습니다. 이는 다른 주에서는 좀처럼 보기 힘든 모습입니다. 이렇듯 텍사스 사람들의 머릿속

성조기와 함께 휘날리는
론스타기

점점 늘어나는 히스패닉

에는 미국인이라는 생각 이전에 텍시안이라는 정체성이 있습니다.

황무지나 다름없던 땅을 옥토로 만들고 독립을 위해 전쟁도 불사한 텍시안의 후예들은 오늘날에도 강인하고 거친 기질을 가지고 있습니다. 텍사스는 미국 내 사형제도를 인정하는 주 가운데 매년 사형을 가장 많이 집행하는 곳입니다. 또한 백인 우월적 사고방식이 아직까지 많이 남아 있어 공화당에 대한 압도적인 지지를 보내는 곳이기도 합니다.

미국은 멕시코로부터 취한 영토를 바탕으로 세계 최대 경제대국으로 발전했습니다. 그런데 수십 년 전부터 수많은 멕시코 사람이 이주해 와서 점차 세력을 확장하고 있습니다. 과거 텍사스에 거주한 미국인 수가 멕시코인을 앞서면서 문제가 일어났던 것처럼, 근래 들어 미국에 정착하는 멕시코계 미국인의 수가 늘어나면서 여러 갈등이 일어나고 있습니다.

그동안 미국은 백인이 세운 국가이자 백인이 최대 인구를 차지하며 주류로 자리 잡아 왔습니다. 하지만 2014년 캘리포니아주에서 사상 최초로 백인의 수보다 멕시코인을 필두로 한 중남미계 출신인 히스패닉의 인구가 많아지면서 백인들이 우려의 눈길을 보내고 있습니다.

캘리포니아주뿐만 아니라 과거 멕시코 영토였던 모든 곳에 멕시코인이 대거 이주해 오면서 미국이 급속도로 멕시코화가 되고 있습니다. 오래전 '명백한 운명'이라는 백인 우월적 이론을 앞세워 멕시코 영토를 차지하고 멕시코 주민들을 몰아냈던 백인들에게, 미국 땅에서 빠르게 인구를 늘려 가는 멕시코계 주민들은 눈엣가시이자 견제의 대상이 되고 있습니다.

4장

미국인을 하나로 단합시킨

남북 전쟁

면화 산업과 조면기 발명

1620년 영국 청교도가 메이플라워호를 타고 대서양을 건너 미국에 정착한 이후 미국은 기회의 땅으로 불리며 수많은 이민자를 끌어들였습니다. 영국 북부와 스코틀랜드 사람들은 주로 미국 남부 지역에 정착했으며, 영국 동부 사람들은 미국 북부 지역에 정착해 거주지를 달리했습니다. 개척 초기에 미국 남부 지역 주민들은 영국 상류층의 기호품인 담배를 수출해, 별다른 경제기반이 없었던 북부 지역보

정착 초기 미 남부의 주요 수출품이던 담배

남부의 주력 수출품이던 면화

다 더 윤택한 생활을 누렸습니다.

18세기 후반 영국에서 시작된 산업혁명은 19세기 초 미국에 상륙해 사회 전반적으로 큰 영향을 미치기 시작했습니다. 전형적인 농업 국가인 미국에 불어닥친 산업화 물결은 북부 지역부터 공장지대로 바꾸어 갔습니다. 당시 북부는 냉대기후 지역이라 농사짓기에 적합하지 않았습니다. 대신 북부 5대호 연안 지역은 석탄·철광석 등 산업화에 필요한 자원이 풍부해 자연스럽게 공업 중심지로 성장했습니다.

이에 반해 기후가 따뜻하고 토질이 비옥한 남부 지역은 계속 농업 중심의 경제구조를 발전시켜 나갔습니다. 남부는 기존의 담배 농사 외에 상품작물로 면화를 추가로 재배하며 새로운 돈벌이 수단을 찾아냈습니다. 면화는 옷을 만드는 좋은 원료로서 영국의 경제발전에 지대한 기여를 했습니다. 미국 남부에서 생산된 면화는 대부분 영국으로 수출되었는데, 영국 섬유업체들은 이 면화를 원료로 옷을 만들어 전 세계 시장에 내다팔아 막대한 돈을 벌었습니다.

영국 자본가들은 면화를 좀 더 빨리 직물로 만들기 위해 석탄이나 고래 기름을 동력으로 하는 자동방적기를 개발해 이전과는 비교할 수 없을 정도로 많은 양의 제품을 생산했습

엘리 휘트니

니다. 그러나 획기적으로 향상된 영국의 직물 생산능력에 비해 미국의 면화 생산량은 늘지 않아 양국 모두 손해를 보는 상황이 한동안 지속되었습니다. 그러다 조면기綿機가 발명되면서 모든 문제가 단번에 해결되었습니다.

1793년 미국의 발명가 엘리 휘트니Eli Whitney가 면화씨를 면섬유와 분리하는 조면기를 개발하는 데 성공했습니다. 면화 안에는 면섬유와 면화씨가 복잡하게 엉켜 있어 면섬유를 천으로 짜려면 반드시 면화씨를 제거해야 합니다. 그런데 면화씨를 제거하는 일은 쉽지 않아 노동자 한 명이 하루 종일 일해도 500그램 정도의 면섬유만 생산할 수 있었습니다. 이와 같이 면화는 재배보다 손질이 까다로워 대량생

엘리 휘트니가 개발한 조면기

산에 한계가 있던 상품작물이었습니다.

그런데 휘트니가 발명한 조면기는 면화를 통 안에 집어넣고 손잡이만 돌리면 씨와 섬유가 자동으로 분리되어 1인당 생산성이 무려 50배 이상 향상되었습니다. 조면기 덕분에 남부의 면화 생산능력이 비약적으로 향상되자, 영국의 면직 산업도 급성장하기 시작했습니다. 미국 남부의 면화 생산량 증가에 정확히 비례해 영국의 면직 산업도 성장했으며, 미국 남부와 영국은 경제적으로 떼려야 뗄 수 없는 관계가 되어 갔습니다.

한 대에 몇 십 달러에 불과한 조면기 개발 덕분에 미국은 1830년대 전 세계 면화 생산량의 절반 이상을 차지하며 세계 최대의 면화 생산국이 되었습니다. 영국 또한 미국산 면화를 이용한 면직 산업을

백색 황금으로 불린 면화

기반으로 세계에서 가장 먼저 산업혁명에 성공한 나라가 되었습니다. 이와 같이 면화는 미국과 영국 경제에 커다란 영향을 미치며 그 중요성이 나날이 높아졌습니다. 미국 남부 사람들은 미국 수출의 절반 이상을 차지하며 '백색 황금'이라 불릴 정도로 막대한 수익을 안겨 주는 면화를 더 많이 재배하기 위해 수단과 방법을 가리지 않게 되었습니다.

남부 면화농장의 흑인 노예 유입

미국 개척 초기부터 남부 지역은 항상 일손이 부족해 어려움을 겪었습니다. 추운 유럽에 살던 백인들이 여름철 뜨거운 햇볕이 내리쬐는 남부의 더위를 견디기 쉽지 않았기 때문입니다. 심각한 노동력 부족 사태를 해결하기 위해 남부 농장주들이 가장 먼저 한 일은 인디언을 노예로 만드는 것이었습니다. 당시 미국 대륙에는 수천만 명의 인디언이 살고 있었는데, 이들을 노예로 만들면 만성적인 노동력 부족 문제를 단번에 해결할 수 있다고 판단했던 것입니다.

하지만 백인들은 머지않아 인디언을 노예로 부리는 일이 불가능하다는 사실을 깨달았습니다. 인디언은 광활한 벌판에 흩어져 사는 버펄로를 사냥하며 살아가던 사람들로서, 한곳에 정착해 농사를 지어 본 적이 없는 사람들이었습니다. 또한 인디언 부족 중 상당수가 호전적이어서 노예가 되기보다는 차라리 백인과 맞서 싸우다가 죽는 길을 택했습니다. 이처럼 유럽에서 유입된 백인들이 태곳적부터 미국 대륙의 주인이었던 인디언을 노예로 만드는 일은 처음부터 난항에 부딪쳤습니다. 결국 남부 농장주는 새로운 대안을 찾아 나섰습니다.

남부 사람들이 노동력 확보를 위해 두 번째 방안으로 찾아낸 것은 유럽에서 계약 노동자를 데려오는 것이었습니다. 미국인들은 유럽에서 가난을 면치 못하는 사람들에게 일정 기간 의무적으로 농장에서 일하는 조건으로 미국 이주에 드는 모든 비용 지불과 일자리 제공을 약속하며 이주를 부추겼습니다. 당시 유럽에서 미국으로 건너오는 데 드는 비용이 만만치 않았기 때문에 적지 않은 사람이 미국으로 가고 싶어도 갈 수 없는 상황이었습니다. 기회의 땅으로 이민

제안을 받은 수많은 유럽 빈민이 미국으로 건너왔지만, 이들 역시 노동력 부족 문제 해결에 별다른 도움이 되지는 못했습니다.

유럽 이주노동자들은 보통 4년 정도의 의무노동계약을 맺었는데, 계약기간이 끝나기가 무섭게 주인 없는 땅을 찾아 떠났습니다. 그 당시 미국은 인구가 적고 남아도는 땅이 넘쳐나는 상태였기 때문에 누구나 주인 없는 땅에 깃발을 꽂는 순간 지주가 될 수 있었습니다. 상황이 이렇다 보니 계약직 이주노동자들은 굳이 다른 사람 밑에서 힘들게 일하려고 하지 않았습니다. 그들은 의무고용기간이 끝나기가 무섭게 지주가 되는 꿈을 품고 자신의 삶을 찾아 떠났습니다.

남부 농장주들은 인력 부족으로 인해 큰돈을 벌 수 있는 기회를 눈앞에서 놓치게 되자 최후 수단으로 서부 아프리카 흑인 노예를 데려오기로 결정했습니다. 조면기가 개발되기 이전에도 흑인 노예가 없었던 것은 아니지만, 그 수가 많지는 않았습니다. 그러나 조면기 개발 이후 흑인 노예가 대량으로 유입되면서 노예는 재산이자 노동력을 제공하는 가축으로 취급되었습니다.

영국에서 면화에 대한 수요가 늘어 갈수록 미국으로 팔려 오는 흑인 노예의 수도 증가해, 1790년대 50만 명에 지나지 않던 흑인 노예 수가 1808년 100만 명을 넘었습니다. 당시 노예를 사기 위해 투자한 자본만 해도 5억 달러가 넘을 정도로 막대했습니다. 급기야 남북 전쟁 직전인 1860년대에 이르러서는 노예가 무려 400만 명으로 늘어나 남부에는 노예가 없는 집이 없을 정도였습니다.

미국 남부에서 흑인 노예가 늘어날수록 흑인의 노동력을 착취해 돈을 버는 농장주들의 재산도 비례해 증가했습니다. 19세기에 이르자 미국 남부에 전 세계에서 가장 많은 백만장자가 있었을 정도로 백인 농장주는 막대한 돈을 벌어들였습니다. 하지만 그 이면에는 살인적인 노동에 시달리는 흑인 노예의 혹독한 고통이 있었습니다.

처참한 노예생활

사람이 사람을 소유하는 노예제는 윤리적으로 어떤 정당성도 가질 수 없지만 인류가 등장한 이래 계속해서 존재했습니다. 남부 농장주에게 흑인 노예는 필수 노동력이자 값나가는 재산이었습니다.

경매에 붙여지는 흑인 아기

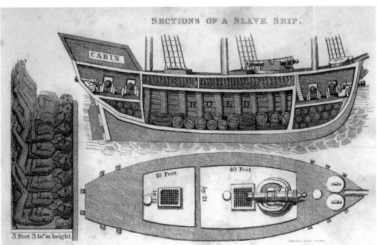

SECTIONS OF A SLAVE SHIP.

아프리카 흑인을 짐짝처럼 운반하는 노예선

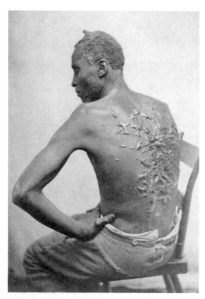
가혹한 처벌을 당한 흑인 노예

면화농장이 확장될수록 흑인 노예에 대한 수요는 계속 늘어나 노예의 몸값도 상승했습니다. 1790년대 300달러도 되지 않던 흑인 노예 몸값이 남북 전쟁이 일어나기 직전에는 2,000달러에 육박해 농장주의 재산목록 상위에 자리 잡았습니다.

아프리카에서 노예선이 들어올 때마다 남부 각 도시에서는 노예시장이 열려 흑인들을 가축처럼 사고팔았습니다. 노예 가격은 천차만별이었는데, 가장 값나가는 노예는 10대 소녀였습니다. 10대 소녀는 훗날 자식을 낳아 노예 수를 늘려 줄 수 있었기 때문입니다. 그 다음으로 값나가는 노예는 힘세고 튼튼한 젊은 청년이었습니다. 이에 반해 나이 든 노예는 헐값에 거래되었던 까닭에 노예 상인들은 흰 머리가 난 노예의 머리를 검게 염색해 한 푼이라도 더 받으려고 했습니다.

노예시장에 상품으로 나온 흑인들은 한 가족일지라도 각각 경매에 붙여져 팔려 나가 이산가족이 되는 비극을 겪어야 했고, 대부분 죽을 때까지 다시 만나지 못했습니다. 백인 농장주 중 극소수는 흑인 노예를 인간적으로 대우해 주었지만, 대부분은 짐승처럼 다루었습

니다. 노예는 인간으로 취급
받지 못했기 때문에 재산을
소유할 수 없었고 학교에 다
닐 수도 없었습니다. 법정에
서 증언을 할 수 없었고 법적
으로 혼인을 보호받지 못했
습니다.

흑인 노예는 주인의 허락을
받아 가정을 이루더라도 언
제든지 팔려 나가 가정이 파
탄 날 수 있는 위태로운 처지
에 있었습니다. 일을 제대로

흑인 노예 거래 장부

하지 못하면 채찍질을 당해야 했고, 소유주 표시를 위해 불로 달군
쇠도장으로 몸에 낙인이 찍히는 고통을 겪어야 했습니다. 노예의 자
식은 태어나면서부터 노예가 되었고 농장주의 필요에 따라 팔려 나
갔습니다. 자식이 팔려 나가는 모습을 바라보는 부모의 마음은 찢어
질 듯 아팠지만, 그들이 할 수 있는 일이라고는 개인적으로 종교에서
위안을 찾는 것밖에 없었습니다.

주인 명령에 불복종하거나 탈출하려다 잡힌 노예는 잔인한 고문
을 당했는데, 이때 주인이 노예를 죽이더라도 어떤 법적인 처벌도 받
지 않았습니다. 흑인 노예 중 일부는 백인 주인에게 덤벼들어 다치게
하거나 심지어 죽음에 이르게도 했습니다. 이럴 경우 백인들은 힘을

합쳐 복수에 나섰습니다. 마을 한곳에 처형장을 만들어, 문제를 일으킨 흑인 노예를 그곳에서 죽을 때까지 때리거나 산 채로 화형에 처했습니다. 백인들은 사고를 일으킨 흑인 노예를 가혹하게 처벌함으로써 다른 흑인 노예들에게 경종을 울리고자 했습니다.

백인들은 흑인 노예를 살 때 쉽사리 규합하지 못하도록 다른 언어와 이질적인 문화를 가진 여러 종족의 흑인을 섞어서 샀습니다. 하지만 시간이 흐르면서 노예들은 영어를 익혀 서로 자유로운 의사소통을 할 수 있게 되었습니다. 이렇게 차츰 수를 늘려 나가던 노예들은 마침내 반란을 꾀하기 시작했습니다.

흑인 노예의 반란

냇 터너 Nat Turner 는 1800년 남부 버지니아 Virginia 주에서 태어난 노예였습니다. 터너의 주인은 다른 농장주에 비해 관대한 편이어서 자신의 아들이 또래였던 터너에게 글을 가르쳐 주고 성경을 선물로 주었음에도 개의치 않았습니다.

터너는 스무 살 때 이웃 농장에 팔려 새로운 주인을 맞이했습니다. 새 주인은 이전 주인과 달리 터너를 짐승 다루듯 했습니다. 현실생활에 불만이 커질수록 그는 종교에 심취해 기도를 했습니다. 그러다 종교적 열정을 넘어 광신의 세계에 빠져들어 '흑인 노예를 백인에게서 해방하라.'는 신의 계시를 듣게 되었습니다. 글을 읽을 줄 알고 성경에 해박했던 터너는 다른 노예들에게 적지 않은 영향력을 미치며

봉기를 일으킨
냇 터너

'예언자'라 불리기 시작했습니다.

1831년 8월 21일 터너는 명상 도중 신으로부터 '백인을 모두 죽이라.'는 계시를 받고 실천에 나섰습니다. 자신을 따르는 일곱 명의 노예와 함께 이른바 '백인 말살작전'에 돌입해, 가장 먼저 자신의 주인과 그 가족을 몰살했습니다. 이후 그는 군청 소재지를 공격해 무기고를 장악할 계획을 세웠습니다. 무기고를 향해 진군하는 사이에 터너를 따르는 무리는 점점 늘어나 75명까지 불어났습니다. 이들은 도끼와 칼을 이용해 닥치는 대로 백인을 죽였습니다. 피해자는 대부분 힘없는 부녀자와 아이들로 그 수가 55명이나 되었습니다.

노예봉기를 제압하기 위해 무려 3,000명의 민병대가 진압작전에 나섰습니다. 75명의 흑인 노예는 민병대를 피해 뿔뿔이 흩어졌지만, 얼마 안 돼 대부분 사살당하거나 생포되었습니다. 봉기의 주범인 터너는 추적을 피해 6주 동안이나 도망 다녔지만 결국 붙잡혀 재판정에 서게 되었습니다. 1831년 11월 11일 그는 살인죄로 교수형에 처해져 31세의 젊은 나이로 생을 마쳤습니다.

터너는 사실 백인 말살작전이 충분히 성공할 수 있을 것이라는 사전 계산 하에 봉기를 일으켰습니다. 당시 그가 폭동을 일으킨 버지니아주는 흑인 인구가 백인보다 더 많았습니다. 따라서 모든 흑인 노예가 단결하면 백인을 제압할 수 있다고 판단했던 것입니다. 또한 미리 흑인들에게 거사에 대한 계획을 알려 놓았기 때문에, 봉기 당일 수많은 노예가 거리로 뛰쳐나올 것이라고 믿었습니다. 그러나 막상 폭동이 일어나자 흑인 노예들은 터너를 외면했습니다. 75명을 제외한 수만 명의 흑인은 봉기 사실을 알면서도 터너를 돕기는커녕 사건에 연루되지 않으려고 몸을 사리기에 바빴습니다. 결국 터너는 같은 처지에 있던 흑인 노예들의 무관심 속에 죽음을 맞이했습니다.

이후 봉기를 일으킨 노예의 만행에 대한 보복조치로 백인들은 흑인을 보이는 대로 죽이기 시작했습니다. 마구 휘두른 백인의 채찍과 몽둥이에 맞아 100명 이상의 흑인 노예가 참변을 당했습니다. 백인들은 흑인이 오랫동안 고통을 느끼다 죽도록 총이 아니라 채찍이나 몽둥이로 때려죽이는 잔인한 복수를 강행했습니다. 그런데도 흑인 노예를 죽인 백인은 법에 의해 살인죄로 처벌받지 않았습니다. 당시 흑인은 가축이나 다를 바 없었기 때문에 살인죄가 적용되지 않았던 것입니다.

터너의 봉기 사건은 엄청난 후폭풍을 몰고 왔습니다. 남부 백인들은 터너가 어린 시절 농장주의 호의 덕분에 읽기와 쓰기 교육을 받아 지적 능력을 키우면서 현실에 대해 문제의식을 갖게 되었다고 판단했습니다. 이에 똑똑한 노예가 출현하는 것을 방지하기 위해 흑인에 대한 모든 종류의 교육을 금지했습니다. 또한 흑인 노예의 이동 및 집회를 금지하는 법률이 제정되었습니다. 터너의 봉기는 이전까지 흑인 노예에 대해 동정적인 시각을 갖고 있던 소수의 백인마저 등을 돌리게 하는 의외의 결과를 낳았습니다.

북부의 인종차별

미국에서 흑인에 대한 혹독한 인종차별은 주로 남부에서만 행해진 것처럼 알려져 있지만, 북부 역시 흑인을 차별하기는 마찬가지였습니다.

1787년 조지 워싱턴, 제임스 매디슨 등 미국 독립에 앞장섰던 55명의 대표가 필라델피아에 모여 새로운 미국에 걸맞은 헌법을 만들던 당시, 연방헌법을 제정하면서 북부와 남부가 가장 첨예하게 대립한 사안이 바로 흑인 노예 문제였습니다.

당시 미국으로 새로 이주해 오는 사람 대부분이 보수적이고 폐쇄적인 남부가 아닌 개방적인 북부에 정착하려고 했기 때문에 북부의

남부와 북부 모두에서 인정되었던 흑인 노예제도

인구가 남부보다 더 많은 상태였습니다. 이에 따라 상원의원*과는 달리 인구 비례로 선출하는 하원의원의 경우, 북부 출신이 절반을 넘어 사실상 북부가 의회를 장악할 수 있게 되었습니다.

이에 불만을 품은 남부 대표들은 흑인 노예도 유권자 수에 포함시켜 달라고 요구했습니다. 북부 대표들은 처음엔 난색을 표했으나 결국 남부의 요구를 받아들였습니다. 다만 흑인 노예는 인간으로 취급하지 않았기 때문에 1인당 1표가 아니라 5명당 3표를 인정하기로 했습니다. 물론 흑인 노예에게 직접 투표할 수 있는 권리를 부여한 것

* 미국의 상원의원은 각 주마다 2명씩 선출하기 때문에 인구 수와 상관이 없다.

은 아니고, 흑인 5명당 3표를 백인 농장주에게 주는 형식이었습니다. 이로써 남부는 인구 열세의 약점을 어느 정도 만회할 수 있었습니다.

또한 북부 대표들은 향후 20년간 노예무역을 정당한 권리로 인정하기로 합의했으며, 생명권, 자유권과 함께 재산권 역시 인간이 가지는 신성한 불가침의 권리로 헌법에 명시했습니다. 이에 따라 남부 백인들의 재산이었던 흑인 노예의 소유도 명백한 헌법상의 권리로 인정받게 되었습니다.

미국 연방헌법은 자유와 평등의 이념을 가장 잘 반영한 모범적인 헌법으로 오늘날에도 칭송받지만, 당시 흑인 노예에 대한 차별을 인정한 문제점을 가지고 있었습니다.

1850년 북부 의원도 찬성표를 던져 연방 차원의 법률인 '도망노예법'이 제정되었는데, 이는 미국 역사상 최악의 악법 중 하나로 불릴 정도로 흑인 노예의 인권을 말살하는 법이었습니다. 도망노예법에 따라 남부에서 북부로 도망친 노예들은 어떠한 법적인 권리도 가질 수 없었으며, 도망친 노예에게 도움을 준 사람조차 가혹한 처벌을 감수해야 했습니다. 이로 인해 흑인 노예가 자유를 누릴 수 있는 곳이라고는 미국 땅 어디에도 없었습니다.

남부의 노예 소유주나 그 대리인은 법원에서 발부한 도망 사실증명서만 있으면 언제든지 북부에 숨어 있는 도망노예를 잡아갈 수 있

---

* 1850년 제정된 도망노예법은 남북 전쟁 중인 1864년 7월 28일에 폐지되었다.

도망친 노예를 잡으러 다닌 전문 사냥꾼

었습니다. 노예 주인뿐 아니라 그 대리인도 도망노예를 잡아갈 수 있게 됨에 따라, 노예를 사냥해 돈을 버는 전문적인 노예사냥꾼이 등장했습니다. 이들은 남부 지역 판사가 발급해 준 사실증명서를 들고 북부 지역을 누비면서 흑인 노예사냥에 나섰습니다.

남부 지역 판사가 발급해 준 사실증명서에는 도망친 노예를 특정한 사진이 아니라, 흑인의 몽타주만 대충 그려져 있었습니다. 더구나 남부 판사들은 노예사냥꾼에게 뇌물을 받고 사실증명서를 대량으로 발급해 주었으며, 심지어 증명서를 위조해서 다니는 사냥꾼도 허다했습니다. 백인이 보기에 흑인은 거의 비슷하게 생겨 대충 그린 몽타주로는 제대로 식별이 되지 않았습니다. 노예사냥꾼은 이 점을 악용해 북부 지역에 살고 있던 해방노예를 마구 잡아들여 남부로 끌고 갔습니다.

억울하게 잡혀 온 흑인들은 노예시장에서 경매로 팔려 나가 끝도 보이지 않는 노예생활을 해야 했습니다. 이처럼 북부 역시 필요에 의해 19세기 초 노예제를 폐지했을 뿐 흑인을 존중해 준 것은 아닙니다. 하지만 도망노예법으로 인해 노예사냥꾼이 북부 거리에서 활개를 치고 다니면서 흑인들을 탄압하자, 이에 저항하는 세력이 생겨나기 시작했습니다.

저항소설 《톰 아저씨의 오두막》이 미친 영향

1850년 도망노예법이 발효되고 흑인에 대한 무자비한 탄압이 시작되자, 평범한 가정주부였던 해리엇 스토Harriet Beecher Stowe는 미국 사회를 고발하는 소설을 쓰기로 결심했습니다. 어릴 적부터 노예제도에 반대한 스토 여사는 소설을 통해 세상을 변화시키고자 1852년 《톰 아저씨의 오두막Uncle Tom's Cabin》이라는 작품을 내놓았습니다.

소설가 해리엇 스토

흑인 노예제도의 부조리를 고발한 소설
《톰 아저씨의 오두막》

미국 최초의 저항소설이 된 이 작품에서 스토 여사는 흑인 노예들이 가혹하게 당하는 정신적·육체적 고통을 생생히 묘사했습니다. 특히 남부의 노예들이 당하는 고통을 잘 알지 못하고 있던 북부 사람들에게 소설을 통해 흑인 노예들의 실상을 세세히 보여 주었습니다. 아울러 흑인 노예뿐 아니라 흑인을 부리는 백인 농장주들 역시 노예제도의 피해자라는 사실을 알리려고 했습니다. 인간이 인간을 억압하는 노예제 아래에서 백인들도 도덕성과 인간성을 상실해 가고 있다는 점을 부각시킴으로써 노예제가 모두에게 피해를 주는 제도임을 세상에 고발했습니다.

스토 여사의 《톰 아저씨의 오두막》은 미국 최초의 밀리언셀러가 될 정도로 폭발적인 인기를 끌었습니다. 책을 읽은 독자들은 노예제가 얼마나 사악한 제도인지 인식하게 되었습니다. 이 소설은 수많은 북부 사람의 심금을 울리며 노예제에 대한 부정적인 생각을 빠르게 확산시켜 정치권에도 적지 않은 영향을 미쳤습니다. 북부 정치인 중에 노예제를 지지하는 사람을 찾아보기가 힘들어졌으며, 노예제는 남부의 폐습으로 인식되어 갔습니다.

   하지만 노예제를 일찌감치 폐지한 북부와 달리 남부에서《톰 아저씨의 오두막》은 악마의 책으로 몰려 금서목록에 올랐습니다. 남부에서 노예제는 절대로 폐지할 수 없는 필수불가결한 제도였기에 노예제도를 합리화하는 다양한 이론도 등장했습니다. 대표적인 것이 흑인의 지능이 뒤떨어진다는 주장이었습니다. 남부 백인들은 "흑인은 지능이 현저히 떨어지기 때문에 우월한 백인의 보호를 필요로 한다. 흑인을 노예로서 돌봐주는 것은 백인의 신성한 의무다."라는 궤변을 늘어놓았는데, 당시 남부에서는 상당한 호응을 얻었습니다.

   또한 "노예제는 성경에도 등장하므로 도덕적으로 정당하다." "신

농업에 집착해 산업화에 실패한 남부

은 백인과 흑인을 분리하여 창조했다.""남부의 노예들이 북부 공장에서 일하는 흑인 노동자보다 더 수준 높은 생활을 누리고 있다."는 등 노예제를 합리화하려는 온갖 종류의 주장이 난무했습니다. 제아무리 남부 사람들이 노예제도에 대해 긍정적인 주장을 펼쳐도 거시적 관점에서 노예제도는 결코 남부 지역에 이롭지 않았습니다.

사실 남부가 북부 지역보다 경제·사회·문화 등 모든 면에서 낙후된 데는 노예제도의 부작용이 컸습니다. 산업이 발달하기 시작한 북부는 경제발전 속도에 발맞추어 의식구조도 빠르게 선진화되었으나, 노예노동을 기반으로 한 농업이 주력인 남부 사람들의 의식은 중세 수준을 벗어나지 못했습니다.

남부 남성들은 중세 기사들의 무용담을 주제로 한 소설을 즐겨 읽었고 여성들을 억압했습니다. 남부 여성들은 외출이 자유롭지 않았으며 몸의 노출이 일절 금지되는 봉건적인 시대를 살아갔습니다. 이처럼 남부에서는 봉건적인 전통이 사회를 지배했기 때문에 근대적인 법치제도가 들어설 공간이 없었습니다. 결국 노예노동 중심의 남부 지역은 근대화에 실패해 고립되어 갔습니다.

반면 산업자본주의*가 발전하기 시작한 북부는 진취적인 의식을 가진 사람들이 수많은 기업을 탄생시키며 역동적인 사회 환경을 만

---

* 자본주의 발전 과정에서 산업자본이 사회·경제의 주축이 되는 단계의 자본주의. 영국을 비롯한 구미 선진국은 산업혁명을 거쳐 19세기 중엽부터 말기에 걸쳐 이 단계에 도달하였다.

들어 갔습니다. 반짝이는 아이디어와 기술만 있으면 누구나 성공할 수 있었고, 개방적인 사회 분위기 속에 민주주의가 꽃피기 시작했습니다.

남북 간 첨예한 이권 대립

1848년 미국 서부 지역에서 황금이 발견되면서 사람들이 금을 찾아 서부로 몰려드는 골드러시가 시작되었습니다. 황금을 발견해 한 몫 잡은 사람이 대거 등장하면서 미국 경제는 유례없는 활황을 누렸습니다. 넘쳐나는 황금 덕분에 경제가 호황을 맞이하자 사람들의 마

골드러시로 과열되었던 미국 서부의 샌프란시스코

미국을 압도했던 영국의 산업

음속에 투기심리가 생기면서 주가와 땅값이 폭등하기 시작했습니다. 사람들은 기업에 대한 정확한 정보도 없이 대박을 노리며 투자에 나섰고, 이 과정에서 과도한 채무가 발생했습니다. 은행 역시 고객들에게 쉽게 돈을 빌려주어 주가와 부동산 가격의 과도한 상승에 일조했습니다.

1857년 미국 경제에 잔뜩 끼어 있던 거품이 터지면서 미국은 심각한 경기침체에 빠져들었습니다. 주가와 부동산 가격이 폭락하자 고객들에게 돈을 빌려준 은행이 줄줄이 파산하면서 미국 경제는 나락으로 떨어졌습니다. 미국의 경기침체는 대규모 면화농장을 주업으로 하는 남부보다 제조업이 주류인 북부에 더 큰 타격을 주었습니다. 남부에서 생산된 품질 좋은 면화는 대부분 영국으로 수출되었기 때

강력한 보호무역 정책을 원했던 북부

문에 남부는 경기침체에 별다른 영향을 받지 않았지만, 내수 위주로 제품을 생산하던 북부 자본가들은 경기침체의 영향을 그대로 받을 수밖에 없었습니다.

1850년대 미국은 산업화의 시작이 유럽보다 늦어, 제품의 품질과 생산성 등 모든 면에서 유럽에 비해 뒤떨어졌습니다. 특히 산업혁명에 가장 먼저 성공한 영국이 수준 높은 품질의 제품을 효율적인 방법으로 대량생산하면서 미국을 포함한 전 세계 시장을 석권하고 있었습니다. 수요가 위축된 미국 기업은 국내시장을 두고 유럽 기업과 사활을 건 경쟁을 해야 했지만, 미국 제품은 유럽 제품에 비해 품질은 낮으면서 가격은 높아 경쟁이 되지 않았습니다.

이에 북부 지역 제조업체 경영자들은 유럽 제품의 범람을 막기 위해 연방정부에 강력한 국내시장 보호 정책을 요구했습니다. 미국 정부는 제조업이 경쟁력을 갖출 때까지 유럽산 제품에 대해 고율의 관세*를 부과할 것을 요청하는 북부 기업가들의 의견을 받아들여 보호무역 정책**을 추진했습니다. 외국산 제품에 높은 관세를 붙이면 자국 제품보다 가격이 비싸지기 때문에, 자국 제품이 저가시장에서 시장점유율을 확보할 수 있게 되는 긍정적인 효과가 발생하기 때문입니다.

미국 기업이 저가제품 판매를 통해 꾸준히 이윤을 확보하고 연구 개발을 거쳐 실력을 갖추어 나간다면 장래에는 유럽 기업과 대등한 경쟁을 할 수 있을 것이라는 것이 북부 기업가들의 주장이었습니다. 유럽의 후발 산업국가들도 경제개발 초기에는 예외 없이 보호무역 정책을 실시했습니다. 오늘날 유럽의 대표적인 산업국가인 독일도 영국보다 산업화에 늦었습니다. 하지만 독일 정부는 자국 기업이 경쟁력을 갖출 때까지 고율관세를 통한 엄격한 보호무역 정책을 펼쳐 마침내 산업화에 성공했습니다.

미국 정부가 독일을 모방해 강력한 보호무역 정책을 추진하자 농업 중심의 남부가 반발하고 나섰습니다. 미국이 유럽 제품에 고율관세를 부과하면, 유럽도 마찬가지로 미국 제품에 고율관세를 적용할 것이 예상되었기 때문입니다. 남부 입장에서는 유럽의 보복조치로 인해 남부에서 생산된 면화에 고율관세가 매겨지면 미국산 면화

---

* 국세의 하나로서 수출·수입되거나 통과되는 화물에 대하여 부과되는 세금을 말한다.
** 국내에서 생산되는 상품과 동일한 것은 수입을 제한함으로써 국내 산업을 보호·육성시키려는 무역 정책으로 수입 통제책이라고도 하며, 정책 수단으로는 관세 정책을 포함한다.

가 다른 나라에서 생산된 면화에 밀려 거대한 유럽 시장을 잃을 것이 불 보듯 뻔했습니다.

당시 남부 농장주들은 면화 수출을 통해 많은 돈을 벌고 있었음은 물론이고, 그동안 유럽산 제품을 관세 없이 저렴하게 구입해 더할 나위 없이 풍요로운 생활을 하고 있었습니다. 하지만 미국이 보호무역을 추진하게 되면 남부는 더 이상 면화 수출을 통해 돈을 벌 수 없을 뿐더러, 고품질의 유럽 제품도 사용하기 어려운 이중고를 겪어야 했습니다. 이처럼 보호무역 정책은 남부 지역에 단 하나도 이로울 것이 없는 조치였습니다.

미국 대륙을 동서로 관통하는 대륙횡단철도의 출발점을 두고도

산악 지형에 건설되는 대륙횡단철도

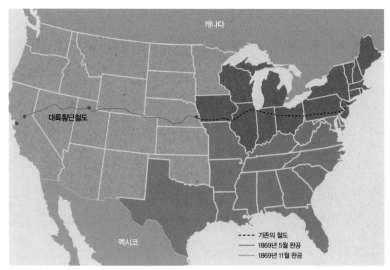

남부와 북부 간의 갈등을 불러온 대륙횡단철도 노선

북부와 남부는 다시 한 번 첨예하게 이권 다툼을 벌였습니다. 태평양이 바라보이는 서부에서 출발한 대륙횡단철도는 동부의 끝인 대서양까지 이어지는데, 횡단철도를 개설하면 경제적 파급력이 엄청나기에 남부와 북부 모두 양보할 수 없었습니다.

객관적인 여건을 놓고 본다면 남부를 지나는 것이 합리적이었습니다. 남부에 횡단철도를 놓을 경우 대부분의 구간이 평지라 건설비용과 시간이 적게 들어가는 반면에, 북부는 험준한 산맥을 거쳐야 하기 때문에 엄청난 비용이 필요했습니다. 하지만 인구가 많은 북부가 의회를 장악하고 있었기 때문에 대륙횡단철도 노선에 관한 논의가 북부에 일방적으로 유리하게 진행되었습니다. 이에 남부 사람들이 크게 반발해, 남북 간의 갈등은 한층 격화되었습니다.

남북 전쟁의 시작

미국 독립 이후 최악으로 치닫던 남북 간의 갈등상태는 1860년 노예해방 문제를 두고 결국 폭발해 버렸습니다. 북부 자본가들은 자신의 이익을 극대화하기 위해 노예제 폐지를 요구하며 남부를 분노케 했습니다. 산업화와 자본주의의 발달로 인해 저임금 노동자가 필요했던 북부 자본가들에게 노예해방은 경제적 이익에도 부합했습니다. 하지만 노동자로 부릴 수 있는 흑인이 대부분 남부의 목화농장에 묶여 있어, 북부는 극심한 노동력 부족 현상에 시달리고 있었습니다. 해결책을 고민하던 북부는 남부에 매여 있던 노예를 북부로 유입시키기 위해 노예해방을 들고 나왔습니다.

제조업을 주력으로 하는 북부 자본가들은 남부의 흑인 노예들이 해방되면 이들을 저임금 노동자로 부려 산업 생산량을 늘릴 수 있고, 그렇게 되면 수익을 얻게 된 흑인 노동자는 제품의 구매자가 되어 기업발전에 큰 도움이 될 거라고 주장했습니다. 이에 반해 남부 농장주들은 개인 재산에 해당하는 흑인 노예를 정부 차원에서 불법화하는 것은 미국 헌법이 보장한 사유재산권을 침해하는 행위라고 강조했습니다. 더구나 남부에서 흑인 노예가 사라지면 목화농장은 일손 부족으로 운영할 수 없게 될 테고, 이는 곧 남부 경제의 파탄을 의미했습니다.

1860년에 치러진 대통령 선거는 여러 면에서 중요한 의미를 지녔습니다. 북부 지역을 대변하던 공화당은 자본가 편에 서서 노예해방

노예해방을 공약으로 내세운 링컨

을 공약으로 내세웠습니다. 공화당은 대통령 후보인 에이브러햄 링컨을 중심으로 똘똘 뭉쳤지만, 남부 지역을 대변한 민주당은 분열되어 4명의 후보가 대통령 선거에 나섰습니다.

대선 당시 미합중국 연방에는 노예가 없는 19개의 자유주와 15개의 노예주가 있었습니다. 공화당의 링컨은 모든 자유주에서 압도적인 득표율을 기록했습니다. 이에 반해 남부 주에서는 2만 4,000표밖에 얻지 못했고, 9개 주에서는 아예 단 한 표도 얻지 못했습니다. 하지만 북부 인구가 남부 인구의 두 배를 훨씬 넘었기 때문에 링컨은 북부 사람들의 지지만으로도 충분히 대선에서 승리를 거둘 수 있었습니다. 더구나 민주당은 여러 명의 후보가 남부 지역의 표를 나눠 가졌기 때문에 링컨은 더욱 손쉽게 승리를 거머쥐었습니다.

링컨의 대통령 당선은 남부 사람들에게 커다란 충격을 주었습니다. 링컨의 대선 공약이었던 노예해방과 보호무역 정책은 남부의 농장주들이 절대로 받아들일 수 없는 정책이었기 때문입니다. 링컨은 남부 농장주의 불만과 분열을 우려해 "나의 정치적 목표는 현재와

미국 연합국을 만든 남부 11개 주

같이 연방제를 유지하는 것이지, 흑인 노예를 해방시키는 것이 아닙
니다."라고 말하며 노예제를 폐지하지 않을 수도 있음을 내비쳤지만
남부 사람들은 그의 말을 믿지 않았습니다.

1860년 12월 링컨이 대선에서 승리한 지 한 달 만에 남부 사우스
캐롤라이나주가 연방을 탈퇴했습니다. 이듬해인 1861년, 미국의 분
열은 더욱 가속화되어 미시시피주를 시작으로 플로리다·앨라배마
·조지아·루이지애나·텍사스·노스캐롤라이나 등이 잇따라 연방을
탈퇴했습니다.

연방을 탈퇴한 남부 주들은 '미국 연합국 Confederate States of America'이
라는 이름으로 새로운 독립국가를 건설하고, 제퍼슨 데이비스 Jefferson

미국 연합국의 국기

미국 연합국 대통령으로 선출된 제퍼슨 데이비스

Davis를 대통령으로 선출했습니다. 이로써 미국은 건국 84년 만에 두 동강으로 나뉘었습니다. 북부 연방에는 23개 주에 2,200만 명의 인구가 살고 있었고, 남부 연합은 11개 주에 900만 명의 인구를 보유해 상당한 인구 격차를 보였습니다.

남부가 연방을 탈퇴하고 독립을 선언하자 링컨은 분열을 수습하기 위해 온갖 노력을 다했지만 끝내 해결책을 찾지 못했습니다. 결국 링컨은 남부 주들의 연방탈퇴를 내란으로 규정하고, 연방 유지를 위해 무력 사용도 마다하지 않겠다는 강경한 입장을 취했습니다. 하지만 노예제를 인정하는 새로운 헌법을 제정하고 군대를 조직한 남부 연합이 1861년 4월 12

일 사우스캐롤라이나주에 있는 연방 정부군의 섬터_{Sumter}* 요새를 공격하면서 처참한 남북 전쟁의 서막이 올랐습니다.

남부의 영웅, 로버트 리 장군

남부와 북부의 이질적인 경제구조는 무엇보다 자연환경에서 비롯되었습니다. 게다가 애초부터 다른 부류의 사람이 정착해 살았던 것도 큰 차이를 만들어 냈습니다. 남부에 정착한 사람은 주로 영국 출신의 지주 계층으로, 이들은 끝이 보이지 않을 정도로 거대한 대농장을 짓고 노예를 부리며 고향에 있을 때처럼 귀족적인 생활을 누렸습니다. 이에 반해 북부에 정착한 사람들은 영국을 포함한 유럽 전역에서 유입된 노동자나 빈곤 계층이었습니다. 이로 인해 우월감에 사로잡혀 살던 남부 농장주들은 북부 사람들을 무시했습니다.

남부 농장주에게 북부는 각지에서 몰려든 이민자로 넘쳐나는 지역에 불과했습니다. 공장마다 뿜어내는 매연과 폐수로 인해 환경은 오염되어 있고, 길거리에는 부랑자와 술주정뱅이가 넘쳐나는 무질서가 가득한 곳이었습니다. 평소에도 남부 사람들은 천박하기 그지없는 북부와 같은 나라를 구성하고 있다는 것을 창피하게 생각해, 전쟁을 통해서라도 갈라서기를 원했습니다.

---

* 섬터라는 명칭은 토머스 섬터 장군의 이름에서 따온 것으로서, 남북 전쟁을 촉발시킨 곳이 섬터 요새 전투로 알려져 있다.

남부군 사령관 로버트 리 장군

남북 전쟁이 터지자 이권을 지키려던 남부 사람들은 일치 단결해 한마음 한뜻으로 전쟁에 나서 연전연승을 거두며 북부 지역을 점령해 들어갔습니다. 이에 당황한 북부도 부랴부랴 군대를 모아 남부군에 맞섰지만 상당히 오랜 기간 고전을 면치 못했습니다.

전쟁 초반에 남군이 승기를 잡는 데는 남군 총사령관 로버트 리Robert Lee 장군이 큰 역할을 했습니다. 1807년생인 리 장군은 1829년 미국의 웨스트포인트(육군사관학교)를 우등으로 졸업하고, 미국-멕시코 전쟁 등 미국이 참여하는 전쟁에 빠짐없이 참전해 혁혁한 전공을 세웠습니다. 1852년에는 웨스트포인트 교장을 지내면서 명망을 얻기도 했습니다.

남북 전쟁이 시작되기 전 링컨 대통령은 리 장군을 찾아가 북군 총사령관이 되어 줄 것을 요청했지만, 남부 버지니아 출신의 리 장군은 대통령의 요구를 받아들일 수 없었습니다. 리 장군은 연방정부가 노예해방 정책을 남부 지역 사람들에게 강제하는 것이 옳지 않다고 생각했습니다. 결국 리 장군은 고향으로 돌아가 남부를 위해 헌신하기로 결심하고 남군 총사령관이 되었습니다.

전쟁 초기 승전을 거듭했던 남군

　미국 최고의 명장 리 장군이 남군을 이끌자, 평소 그를 존경하던 군인들이 남군에 앞다투어 지원했습니다. 평소 남부 사람들은 흑인을 제압하기 위해 사격훈련을 해 왔기 때문에 총기를 처음 접하는 북군 신병보다 전투력이 훨씬 강했습니다. 더구나 리 장군의 탁월한 지휘통솔력 덕분에 남군은 전쟁 초기 2년간 승전을 거듭했습니다.

　하지만 시간이 흐를수록 남군은 차츰 전투력에 한계를 드러내기 시작했습니다. 당시 북부의 공업 생산능력이 남부에 비해 11배 이상 앞섰기 때문에 남부는 무기 생산능력에서 북부에 크게 뒤졌습니다. 남부에는 조선소가 하나도 없었지만 북부는 수많은 조선소에서 군함을 대거 생산하며 남부를 압박하기 시작했습니다.

두 얼굴의 영국

북부에 비해 인구도 적고 산업 생산력도 뒤졌던 남부가 과감하게 전쟁을 일으킬 수 있었던 데는 영국 지도층의 영향이 컸습니다. 영국은 미국 남부에서 생산된 면화로 면직물을 만들어 전 세계에 팔아 돈을 벌었기 때문에 미국 남부와 좋은 관계를 유지하려고 노력했습니다. 또한 미국 대륙에 하나의 강대국이 들어서는 것보다는 남북으로 나뉘어 있는 것이 자국의 영향력을 넓히는 데 이롭기 때문에, 내심 미국이 분단되기를 바랐습니다.

1861년 12월 남북 전쟁이 터진 지 얼마 되지 않아, 미국의 금융 중

소액국채를 발행해 전쟁비용을 마련한 링컨

심지인 뉴욕에 있던 은행들이 일제히 링컨 행정부의 연방정부에 '대출금을 모두 갚으라.'는 통고를 보내 링컨을 깜짝 놀라게 했습니다. 당시 연방정부의 채무는 6,500만 달러로 사상 최고치를 기록하고 있었습니다.

남북 전쟁 이전까지 연방정부의 하루 재정지출 규모는 17만 달러에 불과했지만, 전쟁에 돌입한 이후 전쟁을 담당하는 부서에서만 하루에 150만 달러 이상 사용했을 정도로 재정지출이 늘어난 상태였습니다. 연방정부 입장에서는 북부에 위치한 뉴욕의 은행들이 돈을 더 빌려줘도 시원치 않을 판국에 당장 대출금을 갚으라고 요구하니 난감하기 짝이 없었습니다.

은행들이 연방정부를 향해 돈을 갚으라고 닦달한 배후에는 영국의 음모가 숨어 있었습니다. 당시 뉴욕 금융계는 영국 자본의 지배를 받고 있었습니다. 영국은 연방정부의 돈줄을 끊어 북부가 전쟁을 더 이상 수행하지 못하도록 방해하고자 했습니다. 하지만 링컨은 영국의 예상과 달리 전쟁을 포기하지 않고 은행 대출금을 모두 갚는 기적과 같은 일을 해 냈습니다.

링컨은 국민들에게 연방정부가 처한 곤경을 솔직히 털어놓고 연방정부가 발행하게 될 국채*를 사 달라고 호소했습니다. 국가가 발행하는 국채는 대부분 액면가격**이 거액이라 일반 국민들이 살 수 없

---

* 국가가 재정상의 필요에 따라 국가의 신용으로 설정하는 금전상의 채무. 또는 그것을 표시하는 채권.
** 화폐나 유가 증권 따위의 표면에 적힌 가격.

남북 전쟁 당시 북부가 전쟁비용 조달을 위해 발행한 국채

지만, 링컨 행정부는 액면가가 낮은 국채를 발행해 일반인도 쉽게 살 수 있도록 했습니다. 링컨의 애절한 호소는 큰 반향을 불러일으켜 무수히 많은 국민이 애국하는 마음으로 국채를 매입했고, 북부는 재정적인 어려움 없이 전쟁을 치를 수 있었습니다. 이렇게 북부가 국민들의 지지 속에 전쟁을 수행해 가자, 영국은 겁을 먹고 슬슬 발을 빼기 시작했습니다.

남부는 전쟁 초기에 영국으로 면화를 수출해서 전쟁비용을 마련해 왔습니다. 그런데 북군 소속 군함들이 면화를 실은 배를 침몰시키면서 전쟁비용을 마련할 길이 막막해졌습니다. 영국은 이런 사실을 알면서도 모른 척했습니다. 남부를 도왔다가는 북부와 적대관계가 될 것이 우려되었기 때문입니다.

사실 남부가 먼저 북부를 상대로 겁 없이 전쟁을 시작할 수 있었던 이유는 영국이 힘껏 도와줄 것이라는 약속과 그에 대한 믿음이 있었기 때문입니다. 그동안 영국 지배층은 자신들과 뜻이 잘 맞는 남부 농장주에게 전쟁이 일어나면 협조할 것을 약속하며 매우 호의적인 태도를 보여 왔습니다. 따라서 남부 사람들은 북부와 전쟁이 벌어지면 영국이 전쟁에 적극 가담해 도와줄 것이라고 철석같이 믿고 있었습니다.

　남북 전쟁이 일어나기 전까지만 해도 뭐든지 다 해 줄 것만 같았던 영국 정부와 지도층은 전세가 남부에 불리해지자 갑자기 중립적인 태도로 돌변했습니다. 사실 영국은 미국 남부뿐 아니라, 인도나 이집트에서도 면화를 충분히 수입할 수 있었기 때문에 남부 연합에 크게 아쉬울 것이 없었습니다. 미국 북부 지배층이 영국산 제품에 고율관세를 부과한 것은 불쾌한 일이지만, 그렇다고 전쟁까지 벌일 일은 아니었습니다.

　당시 순박했던 남부 사람들은 권모술수에 능한 영국 지배층의 속셈을 알지 못했습니다. 전쟁이 일어난 후 영국 정부는 파병은커녕 남부 연합이 세운 독립국가를 끝내 정식 국가로 승인하지도 않고 철저히 국익에 따라 움직였습니다. 영국에서 전쟁물자를 공급받지 못하게 된 리 장군은 전쟁이 지속될수록 군수물자 부족으로 북군과 제대로 싸울 수 없는 처지에 몰렸습니다.

　남부가 영국의 지원을 받지 못한 원인으로는 의외의 사건도 있었

남편과 사별 후
검은 옷만을 입은
빅토리아 여왕

습니다. 1860년 영국 빅토리아_{Victoria} 여왕은 부군인 앨버트_{Albert} 공이
병사하는 바람에 우울증에 빠졌습니다. 빅토리아 여왕과 앨버트 공
은 보기 드물 만큼 부부 간의 금슬이 좋아 사람들의 부러움을 받았
습니다. 하지만 앨버트 공이 장티푸스로 갑자기 세상을 떠나자 여왕
은 슬픔에 잠겨 오래도록 나랏일을 제대로 볼 수 없었습니다. 영국
최고 통치자가 자신의 개인적인 문제로 심신이 매우 힘들고 고단한
상태였기 때문에 지배층을 제대로 관리할 수 없었고, 더구나 국제문

제에 개입할 여력은 더욱 없었습니다.

부당청구 금지법

남북 전쟁 초기 북군이 수세에 몰린 데는 북부 지역의 고질적인 부정부패도 한몫했습니다. 오늘날 미국은 부정부패가 거의 없는 투명한 선진국으로서 명성을 떨치고 있지만, 남북 전쟁 때까지만 해도 후진국형 비리가 난무했습니다. 군수업자에게 뇌물을 받은 장군들은 불량 군수물자 납품을 눈감아 주었습니다. 북군에 공급된 소총은 격발조차 제대로 되지 않았고, 대포에 들어가는 탄에는 화약 대신 톱밥이 쓰여

부당청구 금지법을 통과시킨 링컨

파괴력이 없었습니다. 엉터리 군화는 조금만 신으면 밑창이 떨어져 나갔고, 군용 담요로는 겨울 추위를 도저히 견딜 수 없었습니다.

단기전으로 끝날 수 있었던 남북 전쟁은 부실한 장비로 인해 4년 이상 지속되며 무수한 인명피해를 불러왔습니다. 당시 부패한 장군을 등에 업은 군수업자들은 스스럼없이 불량 군수품을 공급하며 막대한 돈을 손쉽게 벌어들였습니다. 각종 비리 문제의 심각성을 제일 먼저 깨달은 곳은 의회였습니다. 의회는 7명의 의원으로 소위원회를 꾸려 원인 조사에 나섰습니다.

소위원회는 군수품 조달체계에 대한 조사임무를 부여받고 약 1년에 걸쳐 수백 명의 관련자를 강도 높게 조사해 3,000장 넘는 보고서를 내놓았습니다. 소위원회가 내놓은 이른바 '부패보고서'에는 군복·군인 식사·탄약의 공급에 이르기까지 셀 수 없이 많은 분야의 비리 유형이 낱낱이 기록되어 있었습니다.

소위원회의 보고서를 보면 그 당시 미국 사회가 얼마나 병들었는지 한눈에 알 수 있습니다. 부패보고서의 내용을 근거로 의회는 남북전쟁이 한창이던 1863년 부당청구 금지법False Claims Act을 통과시켰습니다. 이 법은 부당한 방법으로 정부계약을 따내고 재정보조를 받은 사실이 드러나면 구속 등 강력한 형사처벌 이외에도 정부가 입은 손해액의 3배를 환수하는 제도로, 제정 당시 미국 대통령이던 링컨의 이름을 붙여 '링컨법'으로도 불렸습니다.

부당청구 금지법 시행 이후 정부와 거래하는 업자가 정부예산을 부정하게 축내다 들키면 구속은 물론 엄청난 벌금을 내야 했기 때문에 대부분 패가망신으로 이어졌습니다. 또한 정부는 법의 실효성을 높이기 위해 비리 사실을 고발한 사람에게 정부가 환수한 금액의 15~30%를 포상금으로 지급했습니다. 누구든지 대형 비리사건을 목격하고 고발하면 엄청난 포상금을 받을 수 있었기 때문에 사람들은 서로 눈을 부릅뜨고 비리를 찾아다녔습니다.

군수업체 직원들의 고발로 악덕 군수업자가 줄줄이 구속된 이후 군대에는 정상적인 물자가 공급되었습니다. 양질의 물자가 충분히 공급되자 북군은 전쟁에서 더 이상 밀리지 않았습니다. 이때부터 전세는 북군이 주도했습니다.

철도와 전보의 역할

북군이 남군을 누를 수 있었던 또 하나의 숨은 공신은 바로 철도와 전보電報였습니다. 전쟁 이전부터 공업이 발달했던 북부는 물자 이동을 위해 거미줄처럼 철도를 건설했습니다. 이에 비해 농업에 기반을 둔 남부는 북부에 비해 철도의 필요성을 느끼지 못해 지역 간 철도 건설에 소홀했습니다.

전쟁이 일어나자 북군은 총연장 3만 8,000킬로미터나 되는 철도를 이용해 병력과 물자를 신속히 수송함으로써 기동성을 확보했습니다. 남군이 걸어서 두 달이나 걸리는 거리를 북군은 기차를 타고 일주일이면 도달했기 때문에 북군은 남군보다 항상 먼저 유리한 위

남북 전쟁 기간 동안 물자 이동에 긴요한 역할을 한 철도

치를 장악했습니다. 철도 덕분에 톡톡히 재미를 본 북부는 전쟁 기간 중에도 무려 6,500킬로미터에 달하는 철도를 부설하며 전쟁터 깊숙한 곳까지 병력과 물자를 실어 날랐습니다.

반면, 걸어서 이동해야 했던 남군은 마차를 사용해 군수물자를 운반했기 때문에 한 번에 운반할 수 있는 양이 기차에 비해 매우 적었습니다. 이와 같이 남군은 군사 작전에 필요한 인원과 물자를 관리·보급·지원하는 병참능력이 한참 뒤졌기 때문에 북군에 도저히 이길 수 없는 처지였습니다.

철도만큼이나 북군에 큰 도움을 주었던 것이 바로 전보입니다.

1837년 미국인 발명가 새뮤얼 모스 Samuel Morse가 먼 곳에 있는 사람과 전기 신호로 연락을 주고받을 수 있는 전신기를 개발하는 데 성공하면서 인류는 정보교류에 있어 거리상의 제약을 뛰어넘을 수 있게 되었습니다. 아무리 먼 곳이라도 전기를 흘려보낼 수 있는 전선만 연결되면

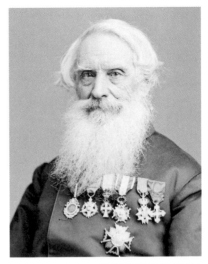

전신기를 개발한 새뮤얼 모스

전기가 흐르는 빠른 속도로 정보를 주고받을 수 있었습니다.

북군은 철도가 지나는 곳마다 전봇대를 세우고 전선을 설치해 신속하게 전황에 관한 정보를 주고받았습니다. 만일 전황이 불리해져 지원군이 필요할 경우, 인근에 주둔하고 있는 부대에 전보를 보내 신

모스가 발명한 전신기

속하게 도와줄 것을 요청했습니다. 링컨 대통령도 전보에 관심이 많아 백악관에 전보실을 따로 마련해 두고 각지에서 올라오는 전투상황 보고를 꼼꼼히 챙겼습니다.

이에 반해 남군은 말을 탄 병사가 드넓은 미국 땅을 오가며 서신을 운반하는 데 많은 시간이 필요해 촌각을 다투는 전투에서 불리할 수밖에 없었습니다. 이와 같이 북군은 문명의 이기를 전쟁에 적절히 활용함으로써 남군보다 우위에 설 수 있었습니다.

남북 전쟁의 끝

남군 총사령관 리 장군은 시간이 흐를수록 남군이 불리하다는 사실을 누구보다 잘 알고 있었습니다. 그는 북부를 정복하려는 무모한 시도를 내려놓고, 대신 북군이 남부를 절대로 항복시킬 수 없다는 사실을 인식시키기 위해 초대형 전투를 기획했습니다. 북군의 전쟁 수행 능력에 결정적인 타격을 주어 협상장으로 이끌어 내고, 영국과 프랑스 등 유럽 열강이 남부 연합을 독립국가로 승인하도록 하기 위해 남군 장병들에게 북부로 진군할 것을 명령했습니다.

1863년 7월 1일 남북 전쟁의 최대 분수령이 된 전투가 수도 워싱턴에서 100킬로미터가량 떨어진 게티즈버그Gettysburg에서 일어났습니다. 한적한 시골 마을에 지나지 않던 게티즈버그에 북군 8만 3,000여 명과 남군 7만 7,000명이 결집해 최악의 살육전을 벌였습니다. 3일 동안 이어진 전투에서 무려 5만 명 넘는 사상자가 발생해 게티즈

남북 전쟁의 향방을 가른 게티즈버그 전투

버그 들판은 병사들이 흘린 피로 붉게 물들었습니다.

게티즈버그 전투는 군수물자가 턱없이 부족한 남군에 불리하게 돌아갔고 전투 개시 사흘 만에 북군의 승리로 막을 내렸습니다. 전투에서 처참하게 패배한 남군은 남부 연합의 심장이라 불리던 버지니아로 퇴각했습니다. 북군 또한 후퇴하는 남군을 추격할 수 없을 정도로 심각한 피해를 입은 상태였습니다.

뜨거운 여름날 게티즈버그에는 7,000구 넘는 군인 시체와 5,000여 마리에 달하는 말이 어지러이 뒹굴고 있었습니다. 사체를 빨리 소각하지 않으면 전염병으로 더 많은 피해가 불가피한 지경이었고, 결국 살아남은 북군 병사들이 전사자들의 시신을 모아 수일에 걸쳐 태웠

남북 전쟁의 종지부를 찍은 율리시스 그랜트 장군

습니다. 워낙 많은 시신이 소 각되는 통에 악취가 진동해 먼 곳에 사는 주민들도 그 냄 새를 맡을 수 있을 정도였습 니다.

이듬해인 1864년 북군은 율리시스 그랜트Ulysses Grant를 새로운 사령관으로 임명하고 남군에 대한 대대적인 공세 에 들어갔습니다. 그랜트 장 군은 남부의 리 장군 못지않

은 명장으로서 뛰어난 지략을 바탕으로 버지니아를 제외한 모든 전 선에서 남군을 초토화했습니다. 리 장군은 가장 중요한 요충지인 버 지니아의 주도主都 리치먼드Richmond를 사수하고 있었지만, 나머지 지 역은 모두 북군의 손아귀로 넘어간 상태였습니다. 사방이 북군으로 포위된 리 장군은 장병들의 목숨을 구하기 위해 끝내 항복을 결심했 습니다.

1865년 4월 9일 리 장군은 북군의 최고사령관 그랜트 장군에게 조건 없는 항복을 선언했습니다. 당시 어느 한쪽이 항복할 경우 패전 한 측의 최고사령관은 총살을 당하는 것으로 모든 책임을 지는 것이 관례였습니다. 누구보다 책임감이 강했던 리 장군은 스스로 책임을

다하기로 하고 명예롭게 죽기 위해 군복 정장을 갖춰 입고 그랜트 장군의 막사를 찾아갔습니다.

리 장군은 그랜트 장군 앞에서 허리에 차고 있던 군도를 떼려고 했습니다. 지휘관의 군도는 자신의 분신과도 같은 것으로, 군도를 적장에게 바치는 것은 항복의 뜻을 표하고 살기를 포기한다는 것을 의미하는 굴욕의 상징입니다. 리 장군이 군도를 풀려는 순간, 그랜트 장군은 손을 내저으며 그대로 차고 있으라고 말했습니다. 이런 모습은 전쟁터에서 찾아볼 수 없는 파격적인 예우였습니다.

그랜트 장군은 리 장군의 웨스트포인트 14년 후배로, 1846~1848년에 일어난 멕시코 전쟁* 때 리 장군 휘하에서 복무한 바 있었습니다. 그랜트는 리 장군을 향해 "리 장군님, 제가 멕시코 전쟁 당시 장군님을 모셨는데 기억나십니까?"라는 첫마디를 던졌습니다. 의외의 질문에 깜짝 놀란 리 장군은 "기억이 잘 나지 않습니다."라고 대답했지만, 이때부터 막사 내부 분위기가 달라졌습니다.

두 사람은 멕시코 전쟁 참전, 웨스트포인트 생활 등 서로 교감할 수 있는 소재로 대화의 꽃을 피웠습니다. 그랜트 장군은 "비록 남부와 북부가 잠시 뜻이 맞지 않아 내전을 치렀지만 우리 모두는 미국인입니다. 이제 전쟁이 막을 내렸으니, 더 이상 서로 미워할 이유가

---

* 1846년과 1848년 사이 멕시코와 미국 사이에 발생한 군사 분쟁이다. 당시 미국 대통령인 제임스 포크에서 이름을 따 '포크전쟁'으로 불리기도 한다.

없습니다. 리 장군님을 비롯하여 남군의 모든 장병은 고향으로 돌아가서도 좋습니다. 고향으로 돌아가 자유를 누리면서 가족들과 함께 행복하게 살기를 바랍니다. 말을 가지고 있는 장병은 말을 타고 가도 좋습니다."라고 말했습니다.

그랜트 장군은 항복한 남군을 포로로 억류하지 않고 군용말도 빼앗지 않은 채 모두 고향으로 돌려보내는 조치를 내렸습니다. 처형될 것을 각오하고 적장을 찾아간 리 장군은 생각지도 못한 예우에 큰 감동을 받았습니다. 리 장군은 그랜트 장군에게 한 가지 부탁을 했습니다. "지금 남군 장병들이 며칠째 굶고 있습니다. 도와줄 수 있습니까?"라는 리 장군의 간청에 그랜트 장군은 즉석에서 2만 5,000명 분량의 식량을 남군에게 나눠주도록 지시했습니다. 전쟁을 일으켰던 남군은 북군의 호의에 감격해 해묵은 적개심이 봄눈 녹듯 사라졌습니다. 그랜트 장군이 보여준 관용으로 남군은 전쟁의 깊은 상처를 빨리 치유할 수 있었습니다.

그랜트 장군은 전 세계 전쟁사에서 찾아보기 힘들 정도로 신사적이고 관대한 인물입니다. 그는 북부뿐 아니라 남부 사람들에게도 존경을 받아, 1869년 제18대 미국 대통령에 취임했습니다. 미국 사람들은 그랜트를 기리기 위해 50달러짜리 지폐에 그의 초상을 새겨 넣어 오늘날에도 쉽게 그랜트를 만날 수 있습니다.

패군지장이었던 리 장군의 명성도 높기는 마찬가지였습니다. 리 장군이 남긴 전쟁 관련 문서 어디에도 북군을 적enemy이라고 표현한

구절은 없습니다. 그는 어쩔 수 없이 북군과 맞서 싸웠지만, 단 한 번도 그들을 미워하거나 증오한 적이 없었습니다. 전쟁 마지막에 휘하 장병들의 목숨을 구하기 위해 적진에 홀로 들어가는 희생정신을 발휘하기도 했던 그는 종전 후 워싱턴대학 총장이 되어 교육에 헌신했습니다. 로버트 리는 사후에도 변함없이 위대한 장군으로 존경받고 있습니다.

사실 그랜트 장군이 리 장군에게 호의를 베풀 수 있었던 것은 군 최고통수권자인 링컨의 배려가 있었기 때문입니다. 승전이 다가오자 북부의 강경파는 남부의 전쟁 책임자를 모두 전범재판에 회부해야 한다고 주장했습니다. 만약 강경파의 주장이 받아들여진다면 리

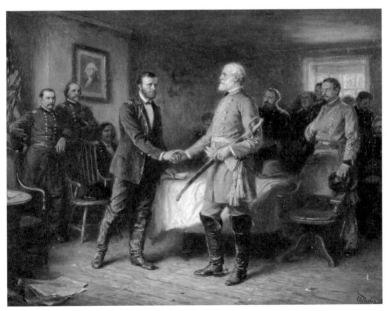

항복하는 리 장군(우)에게 예우하는 그랜트 장군(좌)

사후에도 변함없이 존경받는 리 장군

장군을 포함해 무수히 많은 사람이 사형을 당해야 하는 처지였습니다. 하지만 링컨은 관용을 베풀어 과거를 들추지 말고 미래를 바라볼 것을 주장했습니다. 링컨은 패자에게 관용을 베푸는 것이 승자의 덕목이라고 강조했습니다.

링컨은 남북 전쟁에 관련된 남부 측 인사를 모두 사면해 처벌을 받지 않도록 했습니다. 또한 남부 주들이 다시 연방의회로 돌아올 수 있도록 길을 열어 주었습니다. 그 덕분에 남부 출신 의원들은 예전처럼 의회활동을 통해 자신들의 이익을 지켜 나갈 수 있었습니다. 링컨이 없었다면 남북 전쟁으로 인한 상흔이 오랫동안 미국인의 가슴속에 남았을 테지만, 훌륭한 링컨 덕분에 미국은 최단 시간에 전쟁의 후유증을 극복할 수 있었습니다.

남북 전쟁의 빛과 그림자

1861년부터 1865년까지 계속된 남북 전쟁은 미국 사회 전반에 막대한 영향을 미쳤습니다. 전쟁에 참전한 군인은 북군 200만, 남군 65만으로 모두 합쳐 265만 명에 달했습니다. 당시 미국 총인구 3,100만 명 중 백인이 2,700만 명이었던 것을 감안할 때, 백인 청년 대부분이 전쟁에 참여했을 정도로 남북 전쟁은 미국 역사상 가장 큰 규모의 전쟁이었습니다.

남북 전쟁은 초대형 전쟁이었던 만큼 희생자도 많았습니다. 남북 통틀어 사망자만 62만 명에 이르렀고 부상자는 더 많았습니다. 남북 전쟁에서 유독 인명피해가 많았던 가장 큰 이유는 신형 무기의 등장이었습니다. 남북 전쟁 이전까지 병사들이 사용한 소총은 장전하는데 시간이 많이 걸리고 총을 발사하더라도 정확도가 매우 낮아 좀처럼 사람을 죽이기 쉽지 않았습니다.

하지만 남북 전쟁 당시 등장한 소총은 장전 속도가 개선되어 짧은 시간에 총을 쏠 수 있었습니다. 게다가 '미니에볼Minié ball(원추형 탄)'이라고 불린 신형 총알 역시 파괴력이 이전에 사용한 총알과는 비교가 되지 않을 정도로 막강했습니다. 미니에볼은 납으로 만든 직경 1센티미터, 무게 30그램의 총알로, 사정거리 내에서 사람의 몸에 맞을 경우 뼈를 으스러뜨릴 정도로 막강한 살상력을 가지고 있었습니다.

기존 총알에 비해 막강한 관통력을 가졌던 미니에볼

엄청난 양의 무기가 사용된 남북 전쟁에서 북군이 남군을 향해 발사한 미니에볼만 해도 5억 발이 넘었습니다. 미니에볼에 맞은 병사는 예외 없이 죽거나 크게 다쳐, 다른 전쟁에 비해 남북 전쟁의 인명 피해가 유독 클 수밖에 없었습니다.

남북 전쟁이 나쁜 결과만 불러온 것은 아니었습니다. 전쟁 기간 중 북부는 엄청난 전쟁물자를 쏟아 내며 생산력이 크게 증가했습니다. 더구나 링컨법이 시행되면서 공직 사회에 만연했던 부정부패도 일소되었습니다. 오늘날 미국의 공직 사회가 투명한 데는 부당청구 금지법의 역할이 절대적이었습니다.

또한 그동안 남부의 반발로 추진할 수 없었던 대륙횡단철도를 부설할 수 있었습니다. 미국 서부에서 생산된 농산물과 자원을 동부로 실어 나르려면 철도가 필요했지만, 전쟁 전까지 막대한 부설비용 문제로 골머리를 앓고 있었습니다. 특히 연방의회에서 남부 지역 의원

수많은 사상자를 낳았지만 하나의 미국을 만드는 데 기여한 남북 전쟁

들이 대륙횡단철도 건설에 강력히 반대해 좀처럼 실마리를 찾지 못하고 있었습니다. 남부 사람들은 북동부와 서부를 잇는 대륙횡단철도의 혜택을 전혀 누릴 수 없는 처지였기 때문에, 자신들이 낸 세금이 철도 건설사업에 사용되는 것을 원하지 않았습니다.

남부 의원들이 남북 전쟁으로 인해 연방의회를 떠나 있던 동안 링컨은 대륙횡단철도 건설을 추진했습니다. 대륙횡단철도 건설로 미국은 대서양에서 태평양을 아우르는 초강대국으로 성장할 수 있는 발판을 마련했습니다. 또한 남부와 북부 사람들은 더 이상 '남부인', '북부인'이 아닌 미국인이라는 하나의 정체성을 가질 수 있게 되었습니다.

하지만 정작 흑인들의 처지는 전쟁 이후에도 크게 달라지지 않았

목숨 걸고 전쟁에 참전했지만 정당한 대접을 받지 못한 흑인

습니다. 북군은 부족한 병력을 보충하기 위해 남부의 흑인 노예도 군인으로 받아들여 무려 20만 명에 육박한 흑인이 노예해방을 위해 싸웠지만 별다른 혜택은 없었습니다. 전쟁이 끝나자 남부 노예들은 해방되어 자유를 찾게 되었으나 생계 문제로 다시 옛 상전 밑에서 농장 노동자로 살아야 했습니다.

흑인 일부는 북부로 이주해 공장에서 역시 저임금을 받으며 고된 나날을 보냈습니다. 또한 남부·북부 할 것 없이 흑인에게 시민권이 주어지지 않아 흑인들은 시민으로서 마땅히 누려야 할 권리를 향유할 수 없었습니다. 노예제도 폐지 후에도 흑인에 대한 미국 사회의

차별은 계속되어, 백인우월주의를 주장하는 KKK* 등 테러 단체까지 등장했습니다. 이처럼 남북 전쟁은 흑인들의 인권 향상보다는 백인들의 단결에 도움이 된 전쟁이었습니다.

---

* 유색인종에 대한 무차별적 폭력행사 등 백인우월주의를 표방하는 미국의 극우비밀결사.

5장

세계무대에 제국주의 미국의 등장을 선포한

미국-스페인 전쟁

미국 팽창의 시작

1776년 독립 당시 미국은 동부에 13개 주를 가진 그리 크지 않은 나라였습니다. 그러나 독립 이후 영토 확장을 주요 국가정책으로 삼아 끊임없이 그 길을 모색해 나갔습니다. 하지만 어느 곳 하나 주인이 없는 땅이 없었기 때문에 영토를 확장하는 일에는 수많은 난관이 뒤따랐습니다. 오랜 세월 동안 미국 땅의 주인이었던 인디언을 쫓아내는 일도 쉽지 않았지만, 그보다 더 어려운 일은 미국 대륙 대부분을 차지하고 있던 유럽 열강을 몰아내는 일이었습니다. 신생 독립국 미국이 가장 먼저 탐낸 곳은 중부와 남부에 걸쳐 있던 프랑스령 루이지애나Louisiana였습니다.

1682년 프랑스 탐험가 라 살La Salle은 북아메리카 탐험에 나섰다가 미국 대륙 중부에서 거대한 미시시피강을 발견하고 그 지류 유역 전체를 프랑스 영토로 선언했습니다. 그가 발견한 미시시피강은 나일강·아마존강·양쯔강에 이어 세계에서 4번째로 긴 강으로서 캐나다에서 발원해 미국 중부 지대를 남북으로 관통해 흐르는 큰 강입니다. 이 강을 사이에 두고 미국 대륙은 동서로 나뉘어져 있습니다.

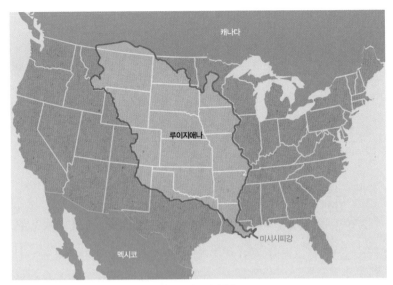

미국 대륙을 관통하는 미시시피강과 거대한 프랑스령 루이지애나

　프랑스 탐험가 라 살은 자신이 발견한 거대한 영역에 당시 프랑스
를 다스렸던 루이 14세의 땅을 뜻하는 '루이지애나'라는 이름을 붙
였습니다. 프랑스령 루이지애나는 당시 미국의 크기와 비슷했으며,
오늘날 미국 영토의 4분의 1에 맞먹는 규모였습니다.

　하지만 독립국이 된 미국 입장에서 볼 때 프랑스령 루이지애나는
눈엣가시와도 같은 존재였습니다. 미국 대륙 중부에 위치한 루이지
애나로 인해 북부에서 수확한 농작물을 동부 대도시로 운반하려면
험난한 산맥을 넘어야 했기 때문에 결국 미시시피강을 이용해야 했
지만 통행료가 만만찮았습니다. 그리고 서부로 진출하려면 반드시
루이지애나를 거쳐야 했기에 영토 확장을 위해 없어서는 안 될 땅이
었습니다.

루이지애나 매입 작전

1800년 미국 제3대 대통령에 당선된 토머스 제퍼슨은 재임 중 프랑스에 여러 차례에 걸쳐 루이지애나를 미국에 팔라고 제안했지만 당시 프랑스 통치자 나폴레옹은 단칼에 거절했습니다. 프랑스는 루이지애나를 거점으로 북아메리카 대륙 전체를 프랑스 식민지로 만들려는 원대한 계획을 가지고 있었기 때문에 철수는커녕 호시탐탐 영토 확장을 위한 기회를 엿보고 있었습니다.

미시시피강은 큰 배가 오갈 수 있을 정도로 강폭이 넓고 수심이 깊어 내륙에서 생산된 물자가 활발히 오갔습니다. 프랑스 정부는 강을 이용하는 배로부터 통행료를 받아 짭짤한 수익을 올렸습니다. 더구나 수시로 미시시피강에 통행 금지령을 내려 미국을 당황스럽게 했고 선박 통행료도 멋대로 올려 강을 이용하는 사람들을 난처하게 만들었습니다.

프랑스에 루이지애나 매각을 제안한
토머스 제퍼슨 대통령

19세기에 이르러 프랑스

내륙에서 생산된 물자의 운반 통로로 쓰인 미시시피강

는 신생 국가 미국을 침략하려는 야욕을 드러내며 수만 명의 정예군을 루이지애나로 보내려고 했습니다. 하지만 뜻하지 않은 일이 프랑스의 발목을 잡았습니다. 19세기 초 카리브해의 프랑스 식민지 아이티에서 이전부터 계속되어 온 무장 독립투쟁이 격해지면서 프랑스는 미국에 보낼 군대를 아이티로 돌려야 했습니다. 프랑스 정부는 대군을 투입하면 흑인 노예의 반란을 가볍게 제압할 수 있으리라 생각했지만 이는 오산이었습니다. 아이티 흑인들이 죽기 살기로 덤벼들면서 프랑스군의 피해가 눈덩이처럼 불어나 아이티에서 한 발짝도 벗어날 수 없었기 때문입니다.

프랑스가 아이티 문제로 정신이 없는 동안 미국은 루이지애나를

프랑스의 발목을 잡은 아이티 독립운동

두고 기발한 계획을 준비했습니다. 신생 독립국 미국은 수만 명의 정예 프랑스군이 미국 대륙에 주둔하는 것만큼은 절대로 용납할 수 없었기 때문에 수단과 방법을 가리지 않고 프랑스 세력을 막아야 하는 절박한 상황이었습니다. 이에 미국 대통령 제퍼슨은 놀라운 기지를 발휘했습니다. 대통령이 되기 전 프랑스 주재 미국 대사를 지냈던 제퍼슨은 누구보다 프랑스 사정을 속속들이 알고 있었습니다.

당시 프랑스를 통치하고 있던 나폴레옹은 바다 건너 영국과 끊임없이 마찰을 일으켜 양국 사이에 전운이 고조되고 있었습니다. 제퍼슨은 프랑스와 영국의 사이가 좋지 않은 점을 이용해 루이지애나를 차지하려는 계획을 꾸몄습니다. 그는 프랑스 주재 미국 대사 로버트 리빙스턴Robert Livingston에게 '나폴레옹을 상대로 프랑스령 루이지애나

프랑스 주재 미국 대사 로버트 리빙스턴

를 넘기도록 설득하되, 이번에도 거절할 경우 영국과 손잡고 프랑스를 치겠다.'라는 일급 국가기밀을 내용으로 하는 친필 편지를 보냈습니다.

그러고는 첩자를 동원해 미국 국가기밀이 담긴 편지가 프랑스 정부의 손에 들어가도록 작전을 펼쳤습니다. 비밀문서를 소지한 미국 스파이는 일부러 프랑스에 불법 입국해 수상한 짓을 하다가 프랑스 정보부에 체포되어 친서를 빼앗겼습니다.

미국이 영국과 동맹을 맺을 수도 있다는 비밀문서를 보게 된 프랑스의 나폴레옹은 큰 충격을 받았습니다. 왜냐하면 아이티 반란을 제압하기 위해 이미 막대한 희생을 치르고 있는 상황에서, 영국이 프랑스를 공격하고 미국이 루이지애나를 칠 경우 프랑스는 사면초가에 빠질 수밖에 없는 상황이었기 때문입니다.

특히 루이지애나는 거리가 너무 멀어 프랑스군을 출병시키기도 쉽지 않았습니다. 궁지에 몰린 나폴레옹은 미국에 루이지애나를 빼앗기는 것보다는 차라리 돈을 받고 파는 것이 낫겠다고 판단해 미국 대표와 협상에 들어갔습니다.

1803년 4월 미국의 계획에 잔뜩 겁을 먹은 나폴레옹은 루이지애나 전체를 1,500만 달러에 팔기로 결정해 미국 대표단을 깜짝 놀라게 했습니다. 프랑스령 루이지애나의 현재 가치가 7,500억 달러인 점에 비추어 볼 때, 1,500만 달러는 그야말로 헐값이었습니다.

오늘날에도 나폴레옹의 루이지애나 매각은 역사상 가장 손해 본 거래로 회자될 만큼 그 조건은 파격적이었습니다. 토머스 제퍼슨의 친필 편지 한 통으로 미국은 당시 미국 땅과 맞먹는 땅덩어리를 차지해 영토를 순식간에 두 배로 넓히는 성과를 이루었습니다. 프랑스령 루이지애나는 오늘날 루이지애나·미주리·콜로라도·아이오와·아칸소·사우스다코타·네브래스카·오클라호마 등 무려 15개의 주로 나뉘었을 정도로 엄청난 면적이었습니다. 이로써 미국은 프랑스

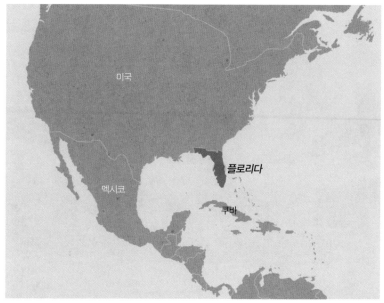

쿠바와 마주보는 플로리다

'꽃의 축제'라는 뜻을 가진 플로리다
`

상당수의 스페인풍 건물이 남아 있는 플로리다

와 인류 역사상 최대 규모의 토지 매
매를 통해 중부 지역을 차지하
면서 서부로 나아갈 수 있는
발판을 마련했습니다.

플로리다의 인장

　루이지애나를 매입해 중부
지역까지 영토를 넓힌 미국은
남부의 플로리다를 차지하기 위
해 나섰습니다. 플로리다라는 단어 자
체가 '꽃의 축제'를 의미하는 스페인어에서 유래된 것에서 알 수 있
듯이, 원래 플로리다는 스페인이 개척한 땅이었습니다. 플로리다는
바다를 사이에 두고 스페인 식민지인 쿠바와 마주보고 있는 곳으로
1513년 스페인 탐험가가 처음 발견했습니다. 이후 스페인은 플로리
다를 개척하기 위해 부단히 노력한 결과, 이곳을 북미 대륙의 거점
으로 삼을 수 있었습니다. 스페인 사람이 플로리다로 대거 이주해
오면서 이곳은 마치 스페인을 옮겨 놓은 것처럼 변해 갔습니다.

　프랑스령 루이지애나를 차지한 후 자신감을 얻은 미국은 프랑스
보다 국력이 훨씬 약한 스페인을 압박해 플로리다를 빼앗으려고 했
습니다. 1819년 미국의 계속되는 협박에 겁먹은 스페인은 변변한 보
상도 받지 못한 채 플로리다를 미국에 넘기고 말았습니다.

　이후로도 미국은 1867년 제정 러시아로부터 알래스카를 불과 720
만 달러라는 헐값에 사들이며 영토를 크게 넓히고 러시아의 남하를

막는 데 성공했습니다. 19세기 중반 서부 개척을 완료한 미국은 영토가 대서양에서 태평양에 이르는 어마어마한 규모로 커지면서 세계적인 강대국으로 거듭났습니다.

먼로 선언

1823년 미국 제5대 대통령 제임스 먼로James Monroe는 세계를 향해 "미국은 유럽의 일에 간섭하지 않을 것이니 유럽 또한 아메리카 대륙의 일에 간섭하지 말라."라는 선언을 발표했습니다. 이른바 '먼로 선언'을 통해 미국은 유럽 열강이 북미뿐 아니라 중남미 대륙 전체에 영향력을 행사하지 말 것을 경고했습니다.

유럽의 아메리카 대륙 간섭을 원치 않던
제임스 먼로 대통령

당시 영국·프랑스·독일 등 유럽 열강은 무력을 앞세워 아프리카·아시아 등 세계 각지에서 약소국을 식민지화하는 데 열을 올리고 있었습니다. 미국은 유럽 열강의 손길이 중남미까지 미칠 것을 우려해 먼로 선언을 통해 유럽을 견제하고자 했습니다. 먼로 선언은 겉으로만 보면 '유럽 열강의 간섭 없이

아메리카 각국이 독립적으로 나라의 운명을 결정할 수 있어야 한다.'
라고 말하고 있지만 속셈이 따로 있었습니다.

　강대국으로 성장한 미국은 중남미 국가를 자국의 영향권 아래 두
려고 했는데, 이를 위해 유럽의 간섭을 배제시킬 필요가 있었습니다.
미국이 먼로 선언을 통해 중남미 국가에 대한 우선권을 주장한 것은
당시 시대적 상황에 따른 산물이었습니다. 지난 수세기 동안 라틴아
메리카* 지역의 맹주로 군림해 왔던 스페인이 19세기 들어 급속도로
약화되며 중남미 곳곳에서 독립운동이 활발히 일어났습니다. 미국
은 스페인이 쫓겨날 경우 중남미 지역의 새로운 맹주가 되려는 야심
을 품었습니다.

　하지만 유럽 열강은 먼로 선언에 크게 개의치 않고 중남미 대륙
을 차지하기 위한 작업에 여념이 없었습니다. 그 대표적인 사례가 프
랑스의 멕시코 침공입니다. 과거 토머스 제퍼슨 대통령의 계략에 휘
말려 북미 대륙의 거점이었던 루이지애나를 잃어버린 쓰라린 기억
을 가지고 있었던 프랑스는 1861년 미국 남북 전쟁이 벌어진 틈을
이용해 멕시코에 군대를 보내 멕시코를 무력으로 점령했습니다. 그
러고는 오스트리아 왕족 출신 페르디난트 막시밀리안 요제프Ferdinand

---

* 아메리카에서 과거에 라틴 민족인 스페인의 지배를 받았던 지역을 통틀어 이르는 말. 북아메리카 남부에서 남아메리카에 걸치
　며, 멕시코·아르헨티나·브라질 등이 이에 속한다. 중남미라고도 한다.

멕시코를 침략한
프랑스

프랑스가 세운 허수아비 황제 막시밀리안

Maximilian Joseph를 데려와 허수아비 황제로 앉힌 다음 사사건건 내정을 간섭했습니다.

1865년 남북 전쟁이 끝나고 사회가 안정되자, 미국 정부는 멕시코를 차지한 프랑스를 압박하기 시작했습니다. 프랑스는 막시밀리안 황제가 오스트리아 출신임을 내세워 발뺌하려고 했지만, 미국은 강력하게 몰아붙여 1867년 6월 프랑스를 멕시코에서 쫓아내는 데 성공했습니다. 이후 중남미 각국은 병든 호랑이에 불과한 스페인으로 부터 속속 독립에 성공하며 독립국가를 세워 나갔습니다.

해양 강국이 되는 길

스페인을 대신해 중남미를 지배하려고 했던 미국 입장에서 중남미 곳곳에 독립국가가 들어서는 것은 결코 유쾌한 일이 아니었습니다. 중남미에 있던 스페인의 식민지가 모두 독립하기 전에 미국은 무언가 조치를 취해야 했습니다. 이때 미국의 대외정책에 지대한 영향을 주는 책 한 권이 세상에 모습을 드러냈습니다.

1890년 미국 해군 제독이었던 알프레드 머핸_{Alfred T. Mahan}이 집필한 《해양력이 역사에 미치는 영향 The Influence of Sea Power upon History》이라는 책은 미국의 기존 대외 정책의 근간을 바꿔 놓았을 정도로 엄청난 영향을 미쳤습니다. 머핸은 지난 역사를 돌이켜보면서 세계를 장악한 나라의 특징에 대해 자세히 분석하며 미국이 나아가야 할 길을 보여주었습니다.

18세기 후반 이후 영국이 좁

해양 강국을 주장한 알프레드 머핸

머핸이 태평양 진출의 거점으로 삼아야 한다고 주장한 하와이

은 영토와 빈약한 자원이라는 약점에도 불구하고 전 세계를 호령하는 패권국 지위에 오른 것은 막강한 해양력을 가졌기 때문이라고 머핸은 주장했습니다. 그가 말한 해양력은 단순히 해군이 보유한 군사적인 힘만을 의미하는 것이 아니라, 해외로 뻗어 나가려는 진취적인 기상과 함께 해상 무역로를 장악할 수 있는 것을 말합니다. 그때 비로소 해양 대국의 지위를 차지할 수 있다는 것입니다.

섬나라 영국은 천연자원은커녕 농산물조차도 충분히 생산되지 않는 자국의 지리적 불리함을 극복하기 위해 일찍부터 해외 식민지 개척에 앞장서, 19세기에 세계에서 가장 풍요로운 나라가 될 수 있었습니다. 머핸은 미국 역시 현재의 영토에 안주할 것이 아니라 해양력을 키워 전 세계로 뻗어 나가야만 퇴보를 막고 지속적인 성장을 이

센프란시스코　미국　뉴욕

대서양

파나마 운하

남아메리카

태평양

케이프 혼

대서양에서 태평양까지의
이동 시간을 크게 단축시키는
파나마 운하

—— 파나마 운하를 통한 이동 경로
---- 케이프 혼을 통한 이동 경로

룰 수 있다고 주장했습니다.

　머핸은 해양력 강화를 위해 몇 가지 중요한 제안을 했습니다. 이
역시 훗날 미국의 대외정책에 적극적으로 반영되어 미국이 영국을
제치고 세계를 주름잡는 패권국이 되는 데 일조했습니다. 그는 태평
양의 중요성을 강조하며 미국이 아시아 국가로 진출하기 위해서는
태평양 위에 해상거점을 마련해야 한다고 주장했습니다. 이를 위해
태평양 한가운데 떠 있는 하와이를 병합해 미국의 태평양 거점으로
삼아야 하며 파나마에 운하를 건설해야 한다고 말했습니다.

미국의 해상 기동력을 크게 향상시켜 주는 파나마 운하

　미국은 대서양에서 태평양까지 이어진 나라이기 때문에 19세기까지 동부 해안에서 서부 해안으로 가기 위해서는 남미 대륙의 끝을 돌아가야 했습니다. 이로 인해 엄청난 시간과 비용이 낭비되었으며, 미국 해군의 기동력은 크게 떨어질 수밖에 없었습니다. 파나마에 운하를 뚫으면 대서양에서 태평양으로 나가는 시간이 대폭 단축될 수 있기 때문에 미국은 반드시 운하를 확보해야 했습니다. 더욱이 머핸은 바다 곳곳에 해군기지를 확보해야 연료와 식량을 안정적으로 공급받을 수 있어 항해거리의 제한을 받지 않는다고 주장했습니다. 그의 저서는 미국 대통령뿐 아니라, 전 세계 지도자들에게 큰 영향을 미쳐 해양력을 키우기 위한 치열한 경쟁이 벌어지기 시작했습니다.

스페인 식민지에 눈독 들인 미국

해군 제독 알프레드 머핸의 주장대로 미국은 해양력 강화를 위해 하와이 병합, 파나마 운하 건설, 그리고 바다 곳곳의 해군기지 건설을 계획했습니다. 그 일환으로 미국은 스페인의 식민지에 눈독을 들였습니다. 19세기 중반 이후 남미 대륙에 있던 스페인의 식민지가 대부분 독립해 스페인은 예전에 비해 훨씬 약해졌지만, 아직 미국에 필요한 몇몇 식민지를 보유하고 있었습니다.

미국이 노렸던 스페인의 식민지는 쿠바·푸에르토리코·괌·필리핀 등 미국 해군의 전략적 거점이 될 수 있는 도서 지역이었습니다. 특히 쿠바는 미국 플로리다에서 100여 킬로미터밖에 떨어져 있지 않았고 비옥한 땅이 많아 미국의 구미를 더욱 당겼습니다. 미국은 최소한의 희생으로 스페인을 무너뜨리고 식민지를 차지하기 위해 신

스페인이 마지막까지 지키고자 했던 쿠바

설탕의 원료로 쿠바의 주력 수출품인 사탕수수

중하게 움직였습니다.

　19세기 중반 대부분의 중남미 국가가 스페인으로부터 독립을 이루었지만 스페인은 쿠바만큼은 쉽게 놓으려고 하지 않았습니다. 쿠바는 세계 최대 사탕수수 생산국이자 담배 생산국이었기 때문에 재정난에 시달리던 스페인 정부에 계속해서 돈을 공급하는 화수분과 같은 곳이었습니다. 그래서 쿠바에서 독립운동이 일어날 때마다 스페인은 군대를 총동원해 강경진압에 나섰습니다. 이로 인해 쿠바인들의 마음속에는 스페인에 대한 엄청난 분노가 쌓여 있었습니다.

　쿠바 사람들은 1868년부터 1878년까지 10년 동안 스페인을 상대로 독립 전쟁을 벌였습니다. 독립 전쟁 기간에 쿠바인들은 지속적으로 미국 정부에 지원을 요청했지만, 끝내 도와주지 않아 크게 실망했습니다. 독립 전쟁 10년간 스페인군이 수많은 쿠바인을 무참히 살해했지만, 탄압이 심해질수록 독립운동의 열기는 점점 고조되어 갔습니다. 전쟁에 지친 스페인이 쿠바 사람들에게 빠른 시간 안에 자치정부를 허용하겠다며 사실상 독립을 약속하면서 길었던 독립 전쟁은 일단 막을 내렸습니다.

하지만 애초부터 약속을 지킬 생각이 없었던 스페인은 독립에 대한 열기가 식을 때까지 차일피일 시간을 끌었습니다. 이에 분노한 쿠바 사람들은 1895년부터 다시 독립 전쟁에 나섰습니다. 쿠바 전역에서 일어난 봉기로 인해 스페인이 점차 힘을 잃어 가면서 쿠바의 독립이 눈앞에 다가왔습니다.

불붙은 미국-스페인 전쟁

쿠바인들의 승리가 목전에 다다른 1898년 1월 24일 미국은 갑자기 쿠바에 거주하는 미국인을 보호한다는 구실로 미 해군 순양함 'USS 메인호'를 파견했습니다. 그런데 메인호가 쿠바의 수도 아바나 항구에 정박한 지 20일 만인 2월 15일 해 질 무렵 천지가 진동하는 커다란 폭발음을 내며 침몰하기 시작했습니다. 폭발음이 어찌나 컸던지 수 킬로미터 떨어진 곳에서도 들을 수 있을 정도였습니다. 거대한 메인호는 바다 속으로 침몰하기 시작해 얼마 후 완전히 가라앉아 자취를 감추었습니다. 이 사고로 장교 2명을 포함해 무려 260명의 미군이 수몰되어 죽는 참변을 당했습니다. 큰 부상을 당한 장병 6명

쿠바에 파견된 USS 메인호

침몰한 USS 메인호

도 얼마 후 사망해 미군의 희생자는 266명으로 늘어났습니다.

쿠바에서 끔찍한 폭발사고가 발생하자, 미국 정부는 대규모 진상조사반을 즉각 아바나로 보내 사태 파악에 나섰습니다. 메인호가 바다 깊은 곳에 침몰해 있었기 때문에 당시의 장비로는 제대로 된 조사를 할 수 없었음에도 불구하고 미국 진상조사반은 스페인 기뢰에 의한 침몰로 결론을 내리고 언론에 공개했습니다.

미국 우익 언론들은 마치 기다렸다는 듯이 스페인군의 도발로 사고가 발생했다고 보도했고, 이에 자극받은 미국 국민들은 스페인에 대한 강력한 응징을 정부에 요구했습니다. 명확한 증거도 없이 메인호 사건의 범인으로 몰린 스페인 정부는 크게 분개해 해명에 나섰습니다. 스페인 정부의 조사 결과, 메인호의 폭발은 외부의 타격 때문이라고 보기 어려웠습니다. 스페인은 메인호를 공격하지 않았음을 미국 측에 여러 차례 통보했지만 미국 정부와 언론은 이를 무시했습니다. 어떤 언론사도 스페인의 해명자료를 보도하지 않았고, 오직 스페인에 대한 복수만 부르짖었습니다.

1898년 4월 전쟁 분위기가 무르익자 미국 정부는 스페인에 최후통첩을 보내 미국과 전쟁을 피하려면 즉시 쿠바에서 완전히 철수할 것을 요구했습니다. 지난 400년 동안 쿠바를 지배했던 스페인으로서는 미국의 요구를 도저히 받아들일 수 없었습니다. 이에 스페인도 미국에 선전포고를 하면서 마침내 미국과 스페인 사이에 전쟁이 터졌습니다. 스페인은 미국 해군이 대규모 함대를 꾸려 쿠바를 공격할 것으

필리핀에 주둔하던 스페인군

로 예상하고 대부분의 병력을 쿠바에 동원하며 일전에 대비했습니다.

하지만 그동안 치밀하게 전쟁 준비에 몰두한 미국은 스페인의 전술을 미리 간파해 쿠바로 쳐들어가지 않고 이역만리 떨어진 필리핀을 먼저 공격했습니다. 미국은 필리핀을 공격하기 위해 미리 중국 연안에 해군 함대를 배치해 둔 채 때를 기다리고 있었습니다. 그동안 스페인의 압제에 맞서 필리핀 독립운동을 하던 애국지사도 미리 포섭해 독립에 대한 약속을 미끼로 스페인과의 전쟁에 끌어들였습니다.

1898년 5월 1일 미국이 필리핀 마닐라에 주둔한 스페인군을 급습하자, 이를 전혀 예상하지 못한 스페인군은 제대로 싸워 보지도 못한 채 미군에 무릎을 꿇었습니다. 쿠바에 주둔 중인 스페인군 역시 미군

필리핀 마닐라에서 대승을 거둔 미 해군

강력한 미군을 감당할 수 없던 스페인군

스페인의 항복 소식을 듣고 환호하는 미군

의 공격에 무력하기는 마찬가지였습니다. 당시 쿠바에는 10만 명 넘는 스페인군이 주둔하고 있었지만, 이미 쇠락해질 대로 쇠락해진 스페인 군대는 세계 최강의 군대로 거듭나고 있던 미군의 적수가 되지 못했습니다. 미군과 맞닥뜨린 스페인군은 최선을 다해 싸우기는커녕 도망치거나 항복하기에 급급했습니다.

막상 미군을 괴롭힌 것은 스페인 군대가 아니라 전염병이었습니다. 전쟁 기간에 사망한 미군은 5,600명으로, 이 중 90% 이상이 장티푸스와 말라리아에 걸려 목숨을 잃었습니다. 미국은 전쟁이 지속된 석 달여 동안 곳곳에서 스페인군의 항복을 받아 내며 별다른 인명피해 없이 승리를 거뒀습니다. 스페인과의 전쟁에 참여했던 미군들이 격렬한

스페인의 주요 식민지를 미국이 차지한 파리평화조약

전투 한 번 치르지 않고 승리를 거머쥔 후 '소풍 같은 전쟁'이라고 불렀을 정도로 미국은 손쉽게 승전국의 지위를 차지했습니다.

1898년 8월 스페인의 무조건 항복으로 전쟁이 끝나자, 미국은 스페인이 가지고 있던 식민지를 차지하기 위해 협상에 들어갔습니다. 같은 해 12월 프랑스 파리에서 스페인과 미국 대표가 만나 전후 처리문제를 매듭지었습니다. 미국은 스페인과 '파리평화조약'을 체결하고 스페인이 보유하고 있던 식민지 중 필리핀·쿠바·푸에르토리코·괌 등 평소 미국이 탐내던 곳을 모두 차지했습니다.

미국의 보호국 쿠바

미국은 전쟁이 일어나기 직전까지 스페인을 향해 '약소국을 침범하는 제국주의 국가'라는 비난을 퍼부으며 식민지를 독립시켜 줄 것을 촉구했습니다. 하지만 스페인과의 전쟁에서 대승을 거둔 후 미국 역시 제국주의 국가의 길을 걷기 시작했습니다. 오래전부터 쿠바의 독립운동을 주도했던 애국지사들은 미서 전쟁*이 끝나자마자 스페인으로부터 해방을 선언하며 독립국가를 세우고자 했습니다.

하지만 미국은 쿠바를 독립국으로 인정하기는커녕 자국의 영향권 아래 두기 위해 여러 가지 방안을 검토하기 시작했습니다. 우선, 쿠바를 아예 미국에 합병하는 방안을 떠올렸습니다. 하지만 쿠바를 미국의 한 주로 만드는 것은 그다지 좋은 방법이 아니라는 것을 머지않아 깨닫게 되었습니다.

과거 스페인은 쿠바를 다스리면서 노동력으로 부리기 위해 흑인 노예를 아프리카에서 대거 끌고 왔습니다. 미국은 흑인 노예 출신이 대다수인 쿠바가 미국의 한 주로 편입되는 것을 원하지 않았습니다. 쿠바가 미국의 정식 주가 되면 쿠바에 살고 있던 스페인어를 쓰는 흑인이 미국으로 대거 이주해 올 것이 불을 보듯 뻔했기 때문입니다.

다음으로 찾아낸 대안은, 미국이 쿠바의 재정권과 외교권을 갖고 쿠바 국민들에게 최소한의 주권을 인정해 주는 것이었습니다. 국가 운영에서 가장 중요한 재정권과 외교권을 미국이 차지할 수 있다면

---

* 미국과 스페인 간의 전쟁을 미서 전쟁이라고도 한다.

흑인이 다수를 차지하는 쿠바

쿠바를 전부 차지한 것과 별반 차이가 없기 때문입니다. 결국 미국은 쿠바를 반식민지 상태인 미국의 보호령으로 두고 온갖 내정간섭을 하기로 결정했습니다. 이를 위해 미국은 쿠바에 군정청을 설치하고 군인들을 보내 다스렸습니다.

미국의 보호국 결정은 독립을 갈망하던 쿠바 사람들에게 엄청난 실망감을 안겨 주었습니다. 지난 수십 년 동안 무수히 많은 쿠바 사람이 조국의 독립을 위해 목숨 바쳐 싸웠는데, 스페인이 물러가기 직전에 미국이 갑자기 끼어들어 쿠바를 차지했기 때문입니다. 그럼에도 미국의 강력한 군사력을 감당할 수 없었던 쿠바인들은 냉혹한 현실을 받아들여야만 했습니다.

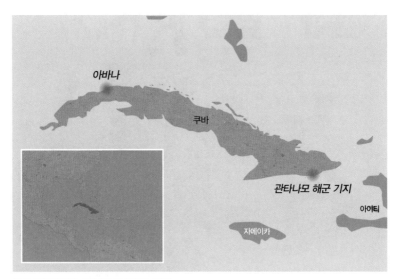

영구조차한 관타나모에 해군 기지를 만든 미군

1901년 미국 의회는 '플랫 수정안' 법안을 통과시켜 쿠바에 대한 내정간섭을 노골화했습니다. 플랫 수정안에는 쿠바가 미국에 예속된 나라로서 미국의 국익에 반하는 행동을 하면 언제든지 미국이 군사적 조치를 취할 수 있도록 규정되어 있었습니다. 또한 쿠바에 미군 기지용 땅을 조차*할 것을 요구했습니다. 허울뿐인 주권국 쿠바는 미국의 부당한 요구를 모두 받아들이는 것 이외에 다른 대안이 없었습니다.

결국 쿠바 동쪽 끝에 있는 관타나모가 미군에 조차되었고, 그 대가로 미국은 해마다 2,000달러의 임대료를 지급하기로 했습니다. 훗날

---

* 특별한 합의에 따라 한 나라가 다른 나라 영토의 일부를 빌려 일정한 기간 동안 통치하는 일.

쿠바에 사회주의 혁명을 일으킨 피델 카스트로

임대료가 4,085달러로 인상되었지만, 이 역시 뉴욕 맨해튼_{Manhattan} 만한 땅을 빌린 대가 치고는 터무니없이 적은 금액이었습니다. 미국은 관타나모를 영구히 차지하기 위해 양국이 동의하지 않는 이상 계약을 파기할 수 없다는 독소조항*을 넣었습니다. 이로 인해 쿠바는 아무리 관타나모 임대계약을 파기하고 싶어도 미국이 동의하지 않는 한 헐값에 땅을 계속 빌려줘야 했습니다.

쿠바 사람들은 미국의 부당한 간섭에 맞서 줄기차게 자주독립을 요구했지만 그럴 때마다 미국은 강경하게 진압했습니다. 1959년 혁명가 피델 카스트로_{Fidel Castro}가 쿠바의 친미주의 정권을 무너뜨리고

---

* 법률이나 계약서 등에서 본래의 의도를 교묘하게 막아 한쪽에게 불리하게 작용하는 조항.

공산주의 국가를 건설할 때까지 미국은 계속해서 막강한 영향력을 행사했습니다. 미국이 쿠바를 지배했던 기간에 수많은 미국인이 쿠바로 건너가 경제를 장악했습니다. 쿠바의 비옥한 땅이 미국인의 손으로 넘어가면서 담배와 사탕수수 농장 주인이 스페인 사람에서 미국인으로 바뀌었을 뿐, 쿠바 국민의 삶은 거의 나아지지 않았습니다.

미서 전쟁 후 76년 만인 1974년 미국 해군이 'USS 메인호 침몰'의 정확한 원인을 찾기 위해 첨단장비를 총동원해 진상규명에 나섰습니다. 정밀조사 결과, 메인호의 침몰은 외부의 기뢰공격 때문이 아니라, 부실한 위험관리로 인한 사고였습니다. 미 해군의 메인호에 대한 조사보고서는 세상을 깜짝 놀라게 했습니다.

당시 메인호는 잘못된 설계로 인해 엔진실과 화약실이 거의 붙어 있어 언제든지 폭발사고가 발생할 수 있는 상태였습니다. 메인호는 엔진을 작동시키려고 사용한 석탄에서 생겨난 불씨가 화약실로 튀면서 폭발을 일으켜 침몰했던 것입니다. 결과적으로 미국이 전쟁의 대의명분으로 내세웠던 스페인의 기뢰공격은 애초부터 존재하지 않았습니다. 이를 두고 미국이 전쟁의 빌미를 만들려고 일부러 메인호를 침몰시켰다는 음모설이 제기되기도 했습니다.

필리핀의 수난

미국은 쿠바를 보호국으로 두었던 것과 달리 필리핀은 아예 식민지로 만들고자 했습니다. 미국은 필리핀을 통째로 구입하는 대가로 스페인에 2,000만 달러를 지급하고 남태평양의 군사거점으로 삼으려고 했습니다.

필리핀은 스페인이 소유한 유일한 아시아 식민지로서 19세기 이전까지만 해도 스페인의 중남미 식민지와의 중계 무역지로서 각광받았습니다. 하지만 19세기 들어 중남미 국가가 대거 스페인으로부터 독립을 선언하면서 스페인은 필리핀을 더욱 쥐어짜기 시작했습니다. 스페인 정부는 중남미 국가에서 들어오던 세금이 사라지자, 필리핀 사

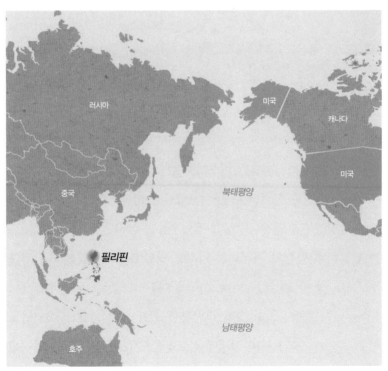

필리핀의 위치

스페인의 압제에 저항했던 에밀리오 아기날도

람들에게 더욱 많은 세금을 부과해 재정적자를 메우려고 했습니다. 게다가 수시로 주민들을 강제 노동에 동원해 필리핀 사람들의 반감은 말할 수 없을 정도로 극심했습니다.

결국 분노한 필리핀 사람들은 1896년 에밀리오 아기날도 Emilio Aguinaldo 라는 인물을 중심으로 스페인에 대한 무력항쟁에 돌입해, 끊임없는 게릴라전을 통해 스페인의 압제에 저항했습니다. 하지만 스페인 군대는 독립운동에 뛰어든 사람들을 재판도 없이 무조건 살해하는 만행을 저지르며 필리핀을 지배하려고 했습니다.

독립군 사령관 아기날도는 서슬 퍼런 스페인군의 총칼을 피해 홍콩에 망명정부를 세운 후 계속 독립운동을 이끌었습니다. 아기날도는 필리핀 사람들의 절대적인 지지를 받았고 스페인군의 장단점을 누구보다 잘 알고 있었습니다. 미국은 이런 아기날도를 미서 전쟁에 끌어들이기로 마음먹고 그에게 달콤한 제안을 했습니다. "아기날도의 독립군이 스페인과의 전쟁에서 도움을 준다면 종전 후에 필리핀을 독립국가로 만들어 주겠다."는 제의로 미국은 독립군을 전쟁에 끌어들이는 데 성공했습니다.

1898년 6월 12일 아기날도는 전 세계를 향해 "필리핀은 더 이상 스페인의 식민지가 아님을 선언한다."라는 독립선언을 하는 동시에 미군과 합동작전에 나섰습니다. 1898년 8월 미국의 약속을 철석같이 믿은 필리핀 독립군은 목숨을 걸고 스페인군과 싸워 마닐라에 있던 필리핀 총독부를 함락하는 데 성

필리핀을 식민지로 만든 매킨리 대통령

공했습니다. 이듬해인 1899년 아기날도는 평화적인 민주헌법을 공포하고 필리핀 초대 대통령으로 취임했습니다.

하지만 미국은 전쟁이 끝나자 태도를 바꾸어 필리핀과의 약속을 모두 파기했습니다. 미국 제25대 대통령 윌리엄 매킨리는 "필리핀의 독립을 인정할 수 없으며 이제 필리핀은 미국의 자유로운 깃발 아래 놓여야 한다."라는 성명을 발표하며 필리핀이 미국 식민지가 되었음을 세상에 알렸습니다.

미국에 배신당한 필리핀 사람들은 크게 분노해 곧장 게릴라를 조직하고 미국에 저항했습니다. 이에 미국은 1만 명 넘는 정예군을 필리핀에 파병해 게릴라 소탕에 나섰고 이 과정에서 무려 60만 명 이

필리핀 독립군 토벌에 앞장섰던 아서 맥아더 주니어

상의 필리핀 사람이 희생되었습니다. 당시 필리핀 독립군 토벌에 앞장섰던 사람은 아서 맥아더 주니어Arthur MacArthur Jr.로, 한국 전쟁의 영웅인 더글러스 맥아더Douglas MacArthur의 아버지였습니다. 미국을 상대로 격렬하게 전개되던 필리핀 독립군의 항거는 1901년 3월 독립군 사령관 아기날도가 미군에 생포되면서 막을 내렸습니다.

미국은 필리핀을 차지한 이후 모든 사회구조를 미국식으로 바꾸며 식민지화 작업에 돌입했습니다. 학교마다 영어교육이 대대적으로 실시되었고, 법률 및 행정체계도 미국식으로 바뀌었습니다. 이와 같이 미국은 필리핀을 영구적으로 지배하기 위해 치밀하게 작업했습니다. 이후 필리핀은 제2차 세계대전을 계기로 미국으로부터 독립했습니다.

미국은 스페인과의 전쟁에서 승리함으로써 해외 식민지 개척에 성공해 유럽 열강과 같은 제국주의 국가가 되었습니다. 과거의 소극적인 외교정책 대신에 적극적으로 해외진출을 도모하며 유럽 열강들과 치열한 경쟁을 벌였습니다. 이에 반해 스페인은 얼마 남지 않은 식민지까지 미국에 빼앗기고 나서 유럽의 변방 국가로 남게 되었습니다. 미서 전쟁은 세계무대에 미국의 등장을 알리는 서곡이었습니다.

— 6장 —

전 세계가 휘말려 든

제1차 세계대전

전쟁 이전의 정세

역사상 최초로 전 세계를 전쟁의 도가니로 몰아넣었던 제1차 세계대전의 불씨는 산업혁명입니다. 18세기 후반 영국에서 시작된 산업혁명으로 인해 영국은 세계 최대 강국으로 거듭났습니다. 공장에서 쏟아져 나오는 저렴한 제품은 이전까지 생산 부족으로 궁핍에 시

인류에게 물질적 풍요를 가져다 준 산업혁명

약탈한 황금으로 만든 스페인 금화

달리던 사람들에게 처음으로 풍요를 선사했습니다. 인류가 등장한
이래 극소수의 부유층만 누리던 물질적 풍요를 더 많은 사람이 누릴
수 있었지만, 산업화에 따른 영향으로 영국은 이전에 경험하지 못한
두 가지 문제에 직면하게 되었습니다.

먼저, 제품을 생산할 원재료의 공급이 원활하지 못했습니다. 부존
자원*이 거의 없는 자원빈국인 영국은 제품을 대량생산하기 위해 원
재료를 외부에서 조달해야 하는 문제가 있었습니다. 또, 영국인들이
소비하기에는 너무나 많은 물량이 공장에서 쏟아져 나와 남는 물량

---

* 새로운 부가가치를 만들어 낼 수 있는 한 나라 안의 모든 생산요소. 석탄이나 석유 같은 천연자원, 우수한 노동력을 갖춘 인적
자원, 합리적인 제도나 지식의 축적을 뜻하는 사회문화적 자본으로 구성된다.

을 수출해야 할 필요가 있었습니다. 이 두 가지 문제를 해결하는 유일한 방법은 해외 식민지를 개척하는 것이었습니다.

당시는 남유럽의 스페인과 포르투갈이 남미 대륙으로 진출해 식민지 개척에 열을 올리던 15~16세기와는 상황이 질적으로 달랐습니다. 남유럽 국가의 남미 진출은 황금이나 은 같은 귀금속 확보를 위한 것이었습니다. 남미 원주민에게 본국에서 생산된 제품을 판매하려는 시도는 거의 없었으며, 오직 값나가는 자원의 약탈이 주목적이었습니다. 그런데 남미의 천연자원이 고갈되면서 남유럽 경제는 침체를 면치 못하고 성장에 한계를 맞이했습니다.

이에 반해 산업혁명에 성공한 영국은 자국에서 생산한 제품을 식민지 국민들에게 판매해 지속적인 이윤을 올릴 수 있는 방안을 세웠던 까닭에 계속해서 번영을 누렸습니다. 가깝게는 아프리카부터 멀게는 호주까지 전 세계 육지 면적의 4분에 1에 이르는 어마어마한 규모의 식민지가 건설되었고, 이들 국가에 영국산 제품이 독점 공급되었습니다.

19세기 영국은 '세계의 공장'으로 불리며 명실상부한 패권국으로서 전 세계를 주름잡았습니다. 영국의 뒤를 이어 프랑스 역시 산업혁명에 성공하여 공업국가로 탈바꿈했습니다. 프랑스는 영국이 미처차지하지 못한 지역을 중심으로 식민지를 확보해 나갔는데, 머지않아 아프리카와 인도차이나 지역에 적지 않은 식민지를 거느리게 되었습니다.

이처럼 영국과 프랑스는 산업혁명에 일찌감치 성공해 해외에 수

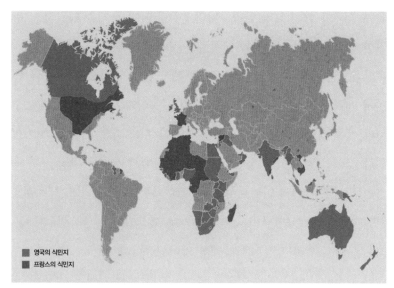

전성기 시절 영국과 프랑스의 식민지

많은 식민지를 거느리며 경제적 풍요를 누릴 수 있었습니다. 하지만 유럽 최대의 인구대국이자 강대국인 독일은 산적해 있던 숱한 대내외 문제를 해결하지 못해 난관에 봉착했습니다.

통일 독일의 탄생

독일이 제1차 세계대전을 일으킨 근본적인 이유를 이해하려면 역사적인 배경을 알아야 합니다. 서기 962년 오늘날 독일 땅에서 독일인 오토 1세 Otto I가 고대 로마 제국의 영광을 부활시킨다는 명분하에 신성로마 제국*을 세웠습니다. 신성로마 제국 황제들은 로마 교황청

---

* 오토 1세가 황제에 즉위한 962년부터 프란츠 2세가 제위에서 물러난 1806년까지 독일 제국의 정식 명칭.

과 긴밀한 유대관계를 맺으며 가톨릭을 국교로 삼고 열렬히 신봉했습니다.

하지만 1517년 10월 독일의 성직자 마르틴 루터_{Martin Luther}가 가톨릭의 타락에 반기를 들고 종교개혁에 나서면서 독일 전역은 극심한 종교분쟁에 휘말리게 되었습니다. 신교와 구교 간 대립이 격화되이 30년 전쟁*까지 치러야 했던 독일은 통일국가를 이루지 못한 채 무려 300여 개의 소국으로 갈가리 찢겨져 서로 대립했습니다.

로마 교황청은 독일에 강력한 통일 민족국가가 들어설 경우 교황의 권위에 맞설 수 있다는 염려로 독일이 하나로 통일되지 못하도록 수시

신성로마 제국을 세운 오토 1세

종교개혁에 앞장선 마르틴 루터

---

* 1618년에서 1648년 사이에 유럽을 무대로 신교(프로테스탄트)와 구교(가톨릭) 간에 벌어진 종교전쟁.

로 방해공작을 펼쳤습니다. 로마 교황청뿐 아니라 프랑스 역시 독일의 통일을 막기 위해 갖가지 견제 활동을 일삼았습니다. 독일은 예로부터 유럽의 최대 인구대국으로 통일만 되면 언제든지 프랑스를 침공할 위험이 있었기 때문에, 독일을 분열시키는 것이 프랑스 외교정책의 최우선 과제였습니다. 이 같은 주변의 방해에도 불구하고 19세기 접어들면서 독일 전역에서 통일을 향한 활발한 움직임이 펼쳐졌습니다.

독일을 네 지역으로 분할한 나폴레옹

19세기 초 독일을 견제할 필요성을 느꼈던 프랑스의 나폴레옹 1세는 독일 지역을 침략해 잔혹하게 유린했습니다. 나폴레옹은 독일 전역을 평정한 후 효율적으로 관리하기 위해 라인연방·프로이센·오스트리아·작센 등 4개 지역으로 나누어 다스렸습니다. 그러나 아이러니하게도 막강한 힘을 가진 나폴레옹이 독일 지역을 4개 권역으로 나눠 통치한 일은 결과적으로 독일 통일에 결정적인 기여를 하게 되었습니다.

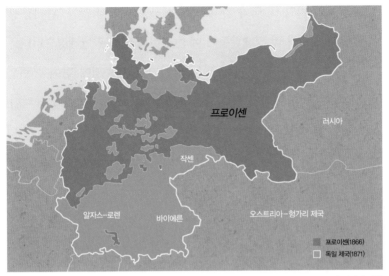

작센

알자스-로렌   바이에른   오스트리아-헝가리 제국

■ 프로이센(1866)
□ 독일 제국(1871)

19세기 중후반 독일 지역의 상황

1814년 나폴레옹이 몰락한 후* 프랑스의 지배에서 벗어난 독일은 다시 30여 개로 나뉘었지만, 과거 300여 개의 소국이 난립하던 때보다는 통일하기가 훨씬 쉬운 상태였습니다. 이제 독일은 북쪽 지방에서 큰 세력을 얻고 있는 프로이센과 남쪽 지역에서 막강한 영향력을 행사하는 오스트리아를 양축으로 치열한 경쟁을 하는 상태로 전환되었습니다. 특히 프로이센은 독일 통일에 적극적이어서 영토 통일에 앞서 경제적 통일을 우선적으로 추진했습니다. 1834년부터 프로이센

---

* 나폴레옹 1세는 프랑스 본토와 떨어진 코르시카 출신으로 프랑스혁명 당시 수많은 전투에서 혁혁한 전공을 올렸다. 이를 바탕으로 프랑스 내에서 지지 세력을 확보한 그는 1799년 마침내 군사쿠데타를 일으켜 종신통령이 되었다. 이에 만족하지 못한 나폴레옹은 1804년 황제로 즉위해 대대적인 개혁에 나서 국력을 키운 후 활발한 대외정복활동으로 프랑스를 유럽의 최강군의 반열에 올려 놓았지만 1812년 러시아 원정 실패를 계기로 몰락했다. 1815년 잠시 다시 정권을 차지하지만 워털루 전투 패배 후 세인트헬레나섬으로 유배를 가서 1821년에 사망했다.

주도로 독일 지역 내 국가 간 무역에 세금을 매기지 않는 '관세동맹'
이 체결되어 지역 내 경제활동이 예전에 비해 훨씬 활발해졌습니다.

그런데 독일 지역 내 다른 모든 국가가 관세동맹에 참여한 반면
오스트리아는 참여하지 않아 관세동맹의 효과가 반감되었습니다.
오스트리아는 북부의 맹주 프로이센이 추진하는 일에 사사건건 이
의를 제기하며 딴죽을 걸었고, 시간이 흐를수록 프로이센과의 관계
가 더욱 악화되었습니다.

당시 프로이센의 수상은 역사상 최고의 수상으로 불리는 오토 폰
비스마르크Otto Von Bismarck였는데, 그는 무력을 동원해서라도 오스트리

오스트리아 제압에 나선 프로이센의 비스마르크 수상

아를 제압해야 독일 통일을
이룰 수 있다고 판단했습니
다. 비스마르크는 군비를 대
폭 확대해 프로이센 군대를
유럽 최강의 군대로 만들며
치밀하게 전쟁 준비를 해 나
갔습니다.

1866년 결국 프로이센과
오스트리아 간에 전쟁이 벌
어져 프로이센이 승리를 거
둠으로써 독일 지역의 맹주
가 되었으나, 오스트리아와

프로이센-프랑스 전쟁 당시 포위된 파리

합병하지는 않았습니다. 프로이센이 독일 통일을 위해 이전보다 적극적인 행보에 나서자, 이웃 나라 프랑스가 견제에 나섰습니다.

　1870년 7월 프랑스 나폴레옹 3세는 프로이센에 선전포고한 후 독일 정벌에 나섰지만, 오히려 프로이센의 막강한 군사력에 밀려 패전을 거듭했습니다. 프로이센-프랑스 전쟁이 일어난 지 불과 두 달 만에 프랑스의 황제 나폴레옹 3세는 세당Sedan 전투 도중 생포되어 10만 대군과 함께 포로 신세가 되었습니다.

　나폴레옹 3세가 제대로 싸워 보지도 못한 채 독일군에 항복해 국가 망신을 시키자, 성난 프랑스 국민들은 황제를 몰아내고 공화국을

프로이센에 패배한 나폴레옹 3세

세워 프로이센과의 전쟁을 이어 갔습니다. 하지만 프랑스 공화국 군대는 애국심만으로 유럽 최강의 프로이센 군대를 도저히 이길 수 없었습니다. 프로이센군은 프랑스군을 연파하며 파죽지세로 진군해 1871년 1월 수도 파리에 다다랐습니다.

1871년 1월 18일 수도 파리 대부분을 장악한 프로이센군은 프랑스의 심장이라 불리는 베르사유 궁전에서 오스트리아를 제외한 독일의 통일을 선언하며 만천하에 유럽 최강국이 탄생했음을 알렸습니다. 열흘 뒤인 1월 28일 파리를 포함하여 프랑스를 완전히 장악하는 데 성공한 독일은 프랑스 공화국의 항복을 받아낸 후 배상금 50억 프랑과 알자스−로렌 지역을 할양받는 것으로 전쟁을 마무리했습니다. 독일은 군사적으로 프랑스를 완전히 제압하면서 유럽 초강대국으로서의 면모를 보여주었습니다.

이와 같이 독일은 프랑스와의 전쟁을 통해 군사적인 우위를 전 세

파리의 베르사유 궁전에서 독일 제국의 탄생을 선포하는 프로이센

프로이센이 빼앗은
알자스-로렌 지역

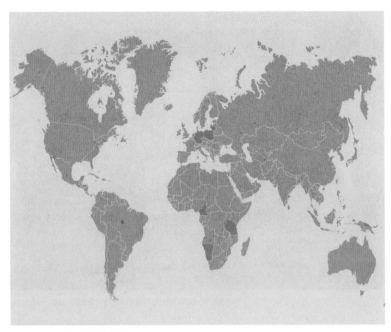

국력에 비해 적은 독일의 식민지

계에 보여주었지만 그렇다고 독일이 직면하고 있던 심각한 경제문제가 해결된 것은 아니었습니다. 산업혁명이 시작된 지 100년 후인 19세기 후반부터 독일·일본 등 이른바 후발 선진국이라 불리는 여러 국가가 산업화에 성공하면서 선발 선진국인 영국과 프랑스를 바짝 뒤쫓았습니다.

하지만 영국과 프랑스가 이미 중요한 지역 대부분을 식민지로 삼은 상태였기 때문에 독일 같은 후발 선진국은 신규 식민지 개척에 큰 어려움을 겪었습니다. 이로 인해 독일이 차지할 수 있는 곳은 자원과 인구가 적은 아프리카의 작은 나라 정도였습니다. 시간이 흐를수록 독일의 불만은 커져만 갔습니다. 오래전부터 장인정신이 투철한 독일 사람들은 영국과 프랑스보다 우수한 품질의 제품을 만들어 냈지만, 판로를 찾지 못해 경제성장에 커다란 제약을 받았기에 대책 마련에 나섰습니다.

독일이 통일되고 산업화가 급속도로 진행된 19세기 중반 이후부터 유럽 각국은 식민지 문제로 첨예하게 대립하기 시작했습니다. 영국은 독일에 기회를 주지 않기 위해 경제적으로 별로 가치 없는 지역일지라도 더 많은 식민지를 개척하며 세력 확장에 힘을 쏟았습니다. 프랑스 역시 영국과 동맹관계를 맺고 식민지 지키기에 나섰습니다.

이처럼 19세기 중반 이후 약소국을 식민지로 삼아 본국을 살찌우려는 제국주의* 열풍이 전 세계를 휩쓸 당시, 그 중심에는 영국과 프랑스가 있었습니다. 이로 인해 독일이 해외 식민지 부족으로 경제성장의 한계에 부딪치자, 독일 황제 빌헬름 2세는 식민지 확보를 위해 전쟁을 생각하게 되었습니다.

독일 황제 빌헬름 2세의 야욕

1888년 독일의 마지막 황제인 빌헬름 2세 Wilhelm II 는 29세의 나이에 황제로 등극했습니다. 빌헬름 2세는 영국을 '해가 지지 않는 나라**'로 만든 빅토리아*** 여왕의 외손자로서 그의 몸속에는 영국인의 피

---

* 막강한 군사력과 경제력을 기반으로 다른 나라를 침략해 식민지로 삼는 국가정책.
** 전 세계 곳곳에 많은 식민지를 보유해 땅이 넓기 때문에, 한 곳에서 해가 져도 다른 곳에는 해가 뜨고 있기에 붙여진 별칭.
*** 빅토리아(Victoria, 1819~1901)는 대영 제국의 여왕이다. 1837~1901년에 걸친 64년의 재위 기간 동안 자국을 '해가 지지 않는 나라'로 불리게 하며 대영 제국의 최전성기를 이끌었다. 유럽의 각종 왕가와 연결되어 있어 '유럽의 할머니'라고도 불린다.

독일 제국의 마지막 황제인 빌헬름 2세

가 흐르고 있었습니다. 어릴 적부터 그는 포악하고 참을성이 없어 황제로서는 자격 미달이었지만 아버지가 급사하는 바람에 젊은 나이에 황제가 되었습니다.

빌헬름 2세가 권좌에 오른 19세기 말 독일은 역사에 길이 남는 위대한 정치인 비스마르크* 수상 덕분에 영국과 대등한 국력을 가진 강대국으로 성장했습니다. 1862년 수상직에 오른 비스마르크는 이웃 국가들과 비교적 우호적인 관계를 유지하며 경제발전에 주력해 독일을 유럽 내 강국으로 만들었습니다. 영국과 프랑스 등 예전부터 독일과 사이가 좋지 않았던 국가들과도 비스마르크가 집권하던 기간에는 별다른 마찰이 없었을 만큼 그는 탁월한 외교력을 발휘하며 국력을 키웠습니다.

이처럼 비스마르크는 근대 독일을 만든 주역이었지만 빌헬름 2세는

* 근세 독일의 정치가(1815~1898). 1862년에 프로이센의 수상으로 임명된 후, 강력한 부국강병책을 써서 프로이센·오스트리아, 프로이센·프랑스 전쟁에서 승리하고 1871년에 독일 통일을 완성한 후, 새로운 제국의 수상이 되었다. 밖으로는 유럽 외교의 주도권을 장악하고, 안으로는 가톨릭교도, 사회주의 운동을 탄압하여 '철혈 재상'이라고 불린다.

그를 시기해 1890년 사소한 꼬투리를 잡아 수상직에서 물러나게 했습니다. 빌헬름 2세는 비스마르크를 내쫓은 후 독재자로 돌변해 물의를 일으키기 시작했습니다. 그는 독일을 패권국가로 만들기 위해 군사력을 급격히 증강하며 주변 국가들을 두려움 속에 몰아넣었습니다.

독일의 군비 강화에 민감하게 반응한 나라는 영국이었습니다. 전통적으로 영국은 유럽 대륙에 패권국이 등장하지 못하도록 견제했습니다. 유럽 여러 나라를 침략하며 세력을 팽창한 프랑스의 나폴레옹 Napoléon I 같은 영웅이 등장할 경우 영국의 안보도 위협받을 수 있기 때문에, 유럽 대륙 문제에 적극적으로 간섭하며 특정 국가의 성장을 차단했습니다. 그 일환으로 영국은 패권국으로 성장할 가능성이 있는 나라의 라이벌 국가와 손을 잡는 정책을 취하기도 했습니다. 독일이 군비를 늘리자 영국은 프랑스와 긴밀한 관계를 맺기 시작했습니다.

프랑스 역시 역사적으로 영국과 사이가 좋지 않았지만 독일이라는 공동의 적을 견제하기 위해 영국과 전략적 제휴관계를 맺었습니다. 영국과 프랑스가 독일을 견제하기 위해 힘을 합치고 있는 상황에서 독일의 빌헬름 2세는 해군력 강화를 외치며 영국을 자극했습니다. 당시 섬나라 영국은 세계 최대 해상강국으로서, 막강한 해군력 자체가 유럽 여러 국가에는 엄청난 위협이었습니다.

하지만 독일은 뛰어난 기술력을 바탕으로 초대형 전함을 대거 건

독일 지역 인구의 대다수를 구성하는 게르만족

조했습니다. 게다가 빌헬름 2세는 범게르만주의[*]를 외치며 슬라브족
Slav-族^{**} 국가들을 자극했습니다. 독일과 이웃 나라 오스트리아는 같은
게르만족Germanic-族^{***}으로서 인종적으로나 문화적으로 동질감이 강해
친밀한 관계를 유지하며 이웃 슬라브족 국가들을 끊임없이 자극했
습니다.

　게르만족은 오래전부터 동유럽과 러시아를 구성하는 민족인 슬라
브족을 철저히 무시했습니다. 그들은 슬라브족을 야만족에 지나지

---

* 독일을 중심으로 게르만 민족이 단결하여 세계를 제패하려는 사상, 또는 그런 운동.
** 슬라브어를 사용하는 인도-유럽어족. 유럽 전체 인구의 3분의 1을 차지하는 최대 민족으로, 러시아를 비롯한 동유럽, 발칸반
　도 등지에 거주한다. 하얀 피부와 금발이 많다.
*** 게르만어를 사용하는 인도-유럽어족. 독일, 덴마크, 네덜란드를 비롯해 스칸디나비아반도 등지에 거주한다. 체격이 크고 푸른
　눈에 금발이 많다.

않는다고 여겨 동등한 인간으로 대우해 주지 않았습니다. 이는 게르만족의 세력이 약할 때는 민족차별 수준에 머물렀지만, 세력이 강해질 경우 예외 없이 슬라브족 국가에 대한 무력 침공으로 이어졌습니다. 이처럼 빌헬름 2세의 외교정책은 상대 국가를 전혀 배려하지 않고 지나치게 독일 중심적이었습니다. 빌헬름 2세는 자국의 이익을 극대화하기 위해서는 전쟁도 불사하는 극단주의자였으며 머지않아 제1차 세계대전을 일으키는 데 앞장섰습니다.

오스트리아-헝가리 제국

프로이센의 수상 비스마르크는 독일 지역에 있던 소국들을 통일하면서 오스트리아만큼은 제외했습니다. 독일 지역 내 소국들은 대부분 게르만족으로 이루어졌지만 오스트리아는 게르만족의 비율이

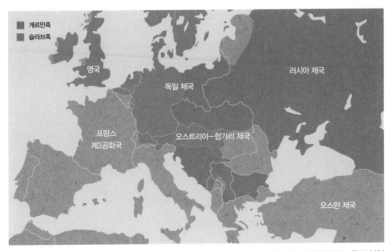

19세기 후반 게르만족과 슬라브족의 영역

25%에도 못 미쳐 여느 국가와 다른 모습을 하고 있었기 때문입니다. 국민의 75% 이상이 이민족 출신인 오스트리아와 병합할 경우 게르만족의 순수성이 흐려질까 봐 통일 대상에서 배제한 것입니다.

오스트리아 역시 자신을 이방인 취급하는 독일과 결합하는 대신 동유럽의 헝가리와 하나가 되기로 결정했습니다. 헝가리는 인근 동유럽 국가들처럼 게르만족이 혐오하는 슬라브족이 아닌 우랄족 혈통으로서, 오스트리아의 지배층 게르만족과 비교적 쉽게 융합했습니다. 1867년 오스트리아와 헝가리가 통합해 오스트리아-헝가리 제국이 탄생하면서, 오스트리아의 빈_{Vienna}과 헝가리의 부다페스트_{Budapest}가 공동 수도로 정해졌습니다.

오스트리아-헝가리 제국은 유럽 대륙에서 러시아에 이어 두 번째로 큰 영토에다 세 번째로 인구가 많아 강대국으로 성장할 수 있는 조건을 갖추었습니다. 시간이 흐르면서 오스트리아-헝가리 제국은 동유럽의 문화와 산업발전을 주도했고, 넘치는 국력을 앞세워 세르비아, 보스니아 같은 인근의 슬라브족 국가들을 호시탐탐 노렸습니다.

게르만족이 주도하는 오스트리아-헝가리 제국이 발칸반도의 조그만 슬라브족 국가에 침을 흘리자, 슬라브족 국가의 맏형 격인 러시아가 가만히 있을 리 없었습니다. 러시아는 세르비아와 보스니아에 전폭적인 지원을 아끼지 않으며 발칸반도의 슬라브족 국가들이 자국 영향권 안에 머물도록 노력했습니다.

특히 세르비아는 노골적인 친_親러시아 노선을 걸으면서 러시아의

오스트리아에 의한 강제 병합 소식을 접하는 보스니아인

비호 아래 발칸반도에서 세력을 넓히고자 했습니다. 세르비아는 팽창정책의 일환으로 세르비아인이 대거 거주하던 보스니아를 합병하려고 했습니다. 세르비아인이 다수를 이루고 있던 보스니아도 세르비아와 병합하는 것에 대해 긍정적이었습니다.

하지만 오스트리아-헝가리 제국이 선수를 치는 바람에 세르비아는 보스니아 합병의 뜻을 이루지 못하고 울분을 삼켰습니다. 보스니아가 이민족 국

오스트리아의 보스니아 강제 합병을 묘사한 신문삽화

가인 오스트리아-헝가리 제국에 강제 병합을 당하자, 여기에 불만을 품은 세르비아계 보스니아인들은 연일 시위를 벌였습니다. 보스니아를 지배하던 오스트리아-헝가리 제국은 시위를 강제 진압하면서 사태를 가라앉히려고 했습니다.

이처럼 게르만족이 주류인 오스트리아-헝가리 제국과 슬라브족이 주류인 세르비아-러시아 사이에 긴장감이 날로 높아지면서 양쪽 세력 간의 충돌은 시간문제일 뿐 예정된 것이나 다름없었습니다.

제정 러시아

18세기 후반 이후 서유럽 국가들이 산업화와 민주화를 병행하며 괄목상대한 사회발전을 이룰 때, 황제가 다스리던 제정 러시아는 후진성을 벗어나지 못하고 있었습니다. 20세기에 접어들 때까지 제정 러시아에는 국민의 대표기관인 의회조차 없어 국민들의 목소리가 황제에게 전달될 길이 없었습니다.

제정 러시아는 산업화가 더딘 만큼 농업이 국가경제의 대부분을 차지할 정도로 큰 비중을 차지했지만, 광대한 영토에 비해 실제로 농사를 지을 수 있는 땅은 매우 적어 만성적인 식량난에 허덕였습니다. 더구나 얼마 안 되는 농지의 대부분이 극소수 귀족들 소유여서 심각한 토지 분배 불균형 현상이 나타났습니다. 막대한 토지를 소유한 귀족들은 소작 농민의 고통은 아랑곳하지 않은 채 사치를 일삼았습니다. 그들은 농민들이 불만을 드러낼 경우 혹독하게 처벌해 다시는 귀

족의 권위에 도전하지 못하도
록 공포 분위기를 조성하며
기득권 유지에만 열을 올렸습
니다.

제정 러시아는 20세기 초까
지 국민의 90% 이상이 글을
읽지 못하는 문맹이었으며 심
지어 자신의 이름조차 쓸 수
없을 정도였습니다. 국민들은
얼굴 한 번 보지 못한 황제를
신성한 존재로 받들며, 인구의
1%에도 미치지 못하는 귀족
들의 억압 속에 살았습니다.

러시아의 마지막 황제 니콜라이 2세

1904년 2월 러시아의 마지막 황제 니콜라이 2세Nikolai ll는 러일 전
쟁*을 벌여 가뜩이나 어려운 국민들에게 더 큰 부담을 안겼습니다.
제정 러시아는 농민을 대거 군인으로 강제 징집했는데, 이들이 먹을
식량 역시 농민에게서 징발했습니다. 이로 인해 제정 러시아에는 심
각한 기근이 발생했습니다.

1905년이 시작되자 굶주림에 고통받던 수도 상트페테르부르크

---

* 1904~1905년 한반도와 만주의 지배권을 두고 러시아와 일본 사이에 일어난 전쟁.

생활고를 해결해 달라고 모인 러시아 사람들

Saint Petersburg의 노동자들은 황제에게 대책마련을 요구하기 위해 길거리로 나섰습니다. 정상적인 민주주의 국가라면 국민들이 필요한 것을 의회에 청원할 수 있겠지만, 의회가 없던 제정 러시아에서는 황제를 직접 찾아가는 것 이외에 달리 의사를 표현할 방법이 없었습니다. 1월 22일 일요일 오전, 여느 때라면 교회에 가야 할 시간에 상트페테르부르크 노동자와 그 가족 15만 명은 급료를 올려 달라고 청원하기 위해 교회 대신 눈길을 걸어 황제가 있는 겨울 궁전으로 가고 있었습니다.

청원서와 함께 행렬 맨 앞에 황제의 초상화를 들고 황제를 향해 눈 위를 종종걸음으로 걸어가던 노동자들은 무기도 들지 않았으며 거친 구호도 외치지 않았습니다. 그들은 추위를 이기기 위해 찬송가

를 부르며 혹독한 추위 속을 평화적으로 행진했습니다. 황궁으로 향하는 동안 행진에 참여하는 사람이 점점 늘어나 급기야 20만 명을 넘어섰습니다.

황궁을 찾은 노동자들이 마주한 사람은 황제가 아니라 완전무장을 하고 나타난 황제의 군대였습니다. 니콜라이 2세가 친위대에게 수단과 방법을 가리지 말고 시위대를 제거하라는 사살 명령을 내린 상태였기 때문에, 러시아 군인들은 거칠 것이 없는 상태였습니다.

평화시위대가 군인들을 향해 "병사들이여, 국민을 향해 총을 쏘지 마라."라고 간절히 외쳤지만, 황제의 군대는 대열을 향해 무자비하게 총을 쏘아 댔고 곧이어 대포를 발사하며 끔찍한 살육전을 이어 갔습니다. 곳곳에서 총을 맞은 사람들이 하얀 눈 위에 쓰러져 붉은 피를 흘리며 죽어 갔고, 이를 지켜보던 사람들은 혼비백산해 달아났습니다. 하지만 황제의 군대는 달아나는 사람조차 그대로 두지 않았습니다. 길고 날카로운 칼을 빼어든 기병대가 나서서 국민들을 마구 학살했으며, 죽은 사람 중에는 힘없는 여성과 어린이도 포함되어 있었습니다.

애초에 평화롭게 진행되던 시위는 황제의 군대가 국민을 도륙하면서 처참하기 그지없는 학살극으로 돌변했습니다. 이날 죽은 사람만 족히 1,000명이 넘었고 부상자는 수천 명에 이르렀습니다. 붉은 피와 수많은 시체가 광장을 뒤덮어, 말 그대로 그날은 '피의 일요일'이 되었습니다. 이 사건은 제정 러시아에 크나큰 후폭풍을 불러왔습니다.

이전까지 신을 받들듯이 섬겨온 차르*의 명령에 의해 수많은 사람이 살상된 사실을 알게 된 러시아 국민들은 차르에 대해 적대감을 품게 되었습니다. 그동안 러시아 민중 사이에 마치 신앙처럼 여겨진 황제에 대한 숭배와 환상은 일시에 무너져 내리고 실망을 넘어 분노가 들끓었습니다. 노동자들은 곳곳에서 파업을 통해 황제에게 불만을 나타냈고, 거리마다 황제를 비난하는 벽보가 나붙으며 타도하자는 함성이 터져 나왔습니다.

당시 일본과 전쟁 중이던 러시아 정부로서는 그야말로 내우외환

---

* 제정 러시아 때 황제(皇帝)의 칭호.

의 위기를 맞은 셈이었으나, 황제의 실정은 변함이 없었습니다. 1905
년 9월 거대한 제국 러시아는 동양의 작은 섬나라 일본에 패전하며
국제적인 망신을 당했습니다. 19세기 초반 천하무적이라 일컫던 프
랑스의 나폴레옹 군대도 궤멸시킨 자랑스러운 역사를 지닌 러시아
국민에게 러일 전쟁의 패전은 결코 용납할 수 없는 일로서, 니콜라이
2세의 권위는 다시 한 번 땅에 떨어졌습니다.

제1차 세계대전의 도화선이 된 '사라예보 사건'

1914년 6월 28일 오스트리아의 황태자 부부가 식민지 보스니아를
둘러보는 행사가 열렸습니다. 오스트리아에서 열차를 타고 보스니

아에 도착한 황태자 부부는 수도 사라예보_{Sarajevo}를 두루 살펴볼 계획이었습니다. 이들의 방문 소식에 슬라브계 사람들이 결성한 비밀 단체인 '검은 손' 구성원들은 황태자 부부를 암살할 계획을 세우고 치밀한 준비를 마친 상태였습니다.

당일 오전 10시 보스니아에 도착한 황태자 부부와 그 일행은 넉대의 자동차에 나눠 타고 사라예보를 둘러보던 중 슬라브계 청년의 수류탄 공격을 받았습니다. 운 좋게도 황태자 부부는 화를 면했으나, 일행들이 크게 다치는 사고를 당했습니다.

황태자 부부를 태운 자동차는 현장을 빠져나와 원래의 목적지인 시청에 무사히 도착했습니다. 하지만 이들은 애초에 계획된 축하행사 대신 부상자들을 위로하기 위해 병원으로 향했습니다. 이때 한 슬라브계 청년이 황태자 부부를 향해 총을 쏘았습니다. 황태자는 목에,

사라예보를 방문한 오스트리아 황태자 부부

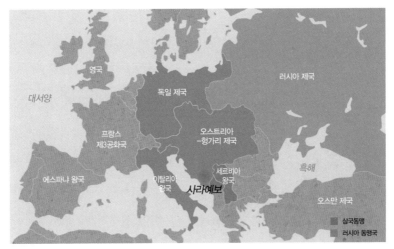

제1차 세계대전의
도화선이 된
사라예보 사건

제1차 세계대전을 촉발한 가브릴로 프린치프

황태자비는 복부에 총을 맞고 사망했습니다.

수사 결과, 범인은 가브릴로 프린치프Gavrilo Princip라는 19세 슬라브계 세르비아인이고 범행에 사용된 모든 무기는 세르비아 정부가 제공했다는 사실이 밝혀졌습니다. 오스트리아는 황태자 부부 암살에 관련된 사람들에 대한 처벌을 요구하는 동시에 자국 조사요원이 세르비아 내에서 사건에 관한 진상을 조사할 수 있도록 해 달라고 요청했습니다.

하지만 세르비아는 오스트리아에 답변을 하는 대신 슬라브족의 큰형인 러시아에 도움을 요청했습니다. 이에 화가 난 오스트리아는 7월 28일 세르비아에 전쟁을 선포하는 초강수를 두었습니다. 이튿날 러시아의 황제 니콜라이 2세는 마치 기다렸다는 듯이 전국에 총동원령을 내려 오스트리아와의 전쟁 준비에 들어갔습니다.

러시아가 전쟁 준비에 나서자, 오스트리아의 후원국이자 범게르만주의 종주국인 독일이 러시아에 총동원령을 취소할 것을 강력히 요구했습니다. 하지만 러시아는 독일의 요구를 단호히 거절했습니다. 이에 독일은 8월 1일부로 전쟁의 시작을 알리는 선전포고를 했습니다. 독일은 사라예보 사건을 빌미로 세르비아의 후원국이자 슬라브계 종주국인 소련을 비롯하여 슬라브계 국가들을 정복하고자 했습니다.

독일이 러시아에 과감하게 선전포고를 할 수 있었던 것은 독일 국력이 러시아에 비해 앞섰기 때문입니다. 독일은 명재상 비스마르크 덕분에 유럽 최강의 산업국가로 성장했지만, 러시아는 니콜라이 2세의 계속되는 실정으로 후진 농업국을 벗어나지 못하고 있었습니다.

러시아가 영토만 광활할 뿐 실속이라고는 찾아볼 수 없는 껍데기에 불과한 나라라는 것을 독일은 속속들이 알고 있었습니다.

그런데 독일의 빌헬름 2세는 유럽 대륙에서 패권국이 등장하지 못하도록 늘 견제하던 영국의 존재를 간과했습니다. 그는 자신에게 영국 왕실의 피가 흐르고 있기 때문에 독일이 러시아와 전쟁을 치르더라도 영국이 개입하지 않을 것이라고 생각했습니다. 하지만 당시 영국 국

독일의 팽창을 막으려 했던 영국의 조지 5세

영국군에 들어가기 위해 줄을 선 영국 젊은이들

국력을 총동원해 무기 생산에 나선 영국

왕 조지 5세George V는 철저한 실리주의자로서 국익 이외에 그 어떤 것도 고려대상에 넣지 않았습니다. 영국은 독일이 러시아를 격파하고 유럽 대륙의 맹주가 될 것을 우려해 참전을 결정했습니다. 독일과 국경을 맞대고 있던 프랑스 역시 영국에 힘을 보탰습니다.

영국과 프랑스가 전쟁에 참여함으로써 이들 국가의 식민지도 자국민의 의사와 무관하게 전쟁에 휘말려 들었습니다. 이로써 오스트리아 황태자 부부 암살사건은 제1차 세계대전을 촉발시킨 계기가 되어 버렸습니다. 전 세계 5대양 6대주에서 30여 개국이 서로에게 총부리를 겨눈 인류 역사상 최초의 세계대전은 거대한 폭풍을 일으키며 세상을 아비규환 속으로 몰아넣었습니다.

러시아의 참전

러시아의 황제 니콜라이 2세의 부인인 황후 알렉산드라Alexandra는 원래 러시아인이 아니라 대영 제국 빅토리아 여왕의 손녀였습니다. 그런데 빅토리아 여왕에게는 혈우병 유전자가 있었고 이것이 대대로 이어지면서 그 후손들을 괴롭혀 왔습니다. 혈우병은 선천성·유전성 돌연변이로 인해 경미한 외상에도 쉽게 피를 흘리고 일단 출혈이 시작되면 좀처럼 피가 멎지 않아 심할 경우 출혈과다로 죽음에 이르게 하는 질병입니다. 의술이 발달한 요즘에는 혈우병으로 죽는 일이 없지만 20세기 초까지만 해도 불치병으로서 어떤 명의도 치료

알렉산드라 황후

혈우병으로 고생하던 황태자 알렉세이

할 방법이 없는 무서운 유전병이었습니다.

그런데 니콜라이 2세 이후 왕위를 계승해야 할 외동아들 알렉세이Aleksei가 하필 혈우병에 걸리면서 황실에는 근심이 가득했습니다. 황제와 황후는 아들 알렉세이가 행여나 다칠까 봐 극도로 조심시켰지만, 나이 어린 알렉세이는 넘어지거나 부딪치기라도 하면 피를 쏟아 내며 고통에 시달렸습니다.

자식 걱정이 끊일 날 없던 러시아 황실에 구세주처럼 등장한 사람이 바로 그리고리 라스푸틴Grigorii Rasputin입니다. 라스푸틴은 1872년 러시아의 오지 시베리아에서 빈농의 아들로 태어났습니다. 어릴 적부터 거짓말에 능하고 손버릇이 나빴던 그는 청년 시절 이웃집 말을 훔치다가 걸려 마을에서 쫓겨났습니다. 이후 그는 이곳저곳 떠돌이 생활을 하던 중 최면술을 익히게 되었습니다.

희대의 사기꾼 라스푸틴

라스푸틴은 질병으로 고통받는 환자들에게 최면을 걸어 고통을 느끼지 못하게 만드는 수법을 통해 마치 병이 치료된 것처럼 사람들의 눈을 속였습니다. 사기꾼에 지나지 않던 라스푸틴은 자신을 신앙심 두텁고 신의 계시를 받은 성직자라 꾸며 대며 사람들에게 접근했습니다. 최면술에 속은 사람들은 그를 '신의 사자'라 믿었습니다.

1907년 라스푸틴의 치유 능력에 대한 소문은 알렉산드라 황후의 귀에까지 들어갔습니다. 사실 알렉산드라 황후에게 아들 알렉세이는 자신의 권력을 극대화할 수 있는 최고의 수단이었습니다. 이제껏 조정의 신하들은 차기 황제의 생모인 알렉산드라에게 잘 보이기 위해 노력했는데, 황태자 알렉세이가 혈우병으로 죽는다면 상황은 급변할 수밖에 없었습니다. 만약 황태자가 죽으면 니콜라이 2세는 로

마노프_{Romanov} 왕조*를 잇기 위해 젊고 건강한 후궁을 들여 자식을 낳을 것이고, 황후의 입지는 좁아질 것이 뻔했기 때문입니다. 이처럼 황태자의 안위는 곧 자신의 권력유지와 직결되는 문제였기에, 황후는 황태자의 건강을 위해서라면 수단과 방법을 가리지 않았습니다.

라스푸틴이 황제 부부를 농락하고 있는 모습을 풍자한 그림

황궁으로 초청받은 라스푸틴은 최면술을 이용해 황후의 눈을 속였고, 아들의 혈우병이 호전된 것으로 착각한 알렉산드라는 그를 신처럼 따랐습니다. 평소 애처가였던 니콜라이 2세는 아내가 라스푸틴에 대해 좋게 이야기하자 덩달아 그를 신뢰했습니다. 하지만 황궁 안에서 점잖고 경건한 척 가장했던 라스푸틴은 궁궐을 벗어나는 순간 말할 수 없을 정도로 방탕하기 그지없는 생활을 했습니다.

* 1613년부터 1917년까지 304년 동안 러시아 제국을 통치한 왕조. 러시아의 마지막 왕조이다.

라스푸틴은 정규 교육이
라고는 받아 본 적 없는 사
람이었지만 내치와 외교 등
온갖 나랏일에 일일이 개입
하며 민생을 도탄에 빠뜨렸
습니다. 지위 고하를 가릴
것 없이 라스푸틴에게 잘못
보이면 자리에서 쫓겨났기
때문에 자리를 보전하기 위
해 신하들은 그에게 뇌물을
갖다 바쳤습니다. 그는 모든
관직에 가격을 매겨 팔았으

무능한 로마노프 왕조를 몰아내고
공산주의 국가를 만들고자 했던 레닌

며 관직을 돈으로 산 이들은 본전을 뽑기 위해 온갖 비리를 저질렀
습니다.

공명정대하게 이루어져야 할 나랏일이 라스푸틴이라는 희대의 요
승妖僧에 의해 좌지우지되자, 러시아 국민들의 황실에 대한 반감은
커져만 갔습니다. 블라디미르 레닌Vladimir Lenin* 같이 공산주의를 신봉
하는 지식인들은 잘못된 러시아를 바로 세우기 위해 공산주의 혁명
을 일으켜야 한다고 공공연히 주장했고, 시간이 흐르면서 수많은 동
조자가 생겨났습니다. 니콜라이 2세는 황제의 권위에 도전하는 사람

---

* 러시아의 사회주의 혁명을 이끈 정치가. 세계 최초의 사회주의 국가 소련의 초대 국가 원수로 취임하였다.

들을 잔혹하게 처형하면서 권력을 유지하려고 했지만, 그럴수록 러시아 국민들과의 거리는 더욱 멀어졌습니다.

니콜라이 2세가 잃어버린 민심을 되찾고 도탄에 빠진 경제를 회복시키기 위해 선택한 것이 제1차 세계대전 참전입니다. 그는 전쟁에서 승리할 경우 패전국을 상대로 막대한 전리품을 챙길 수 있을 뿐만 아니라, 민족적 자부심을 한껏 드높일 수 있다는 생각에 참전을 원했습니다. 당시 러시아 국민들 역시 어차피 굶어 죽을 바에야 한 번 싸워 보고 죽겠다는 마음이 강해 참전에 적극 찬성했습니다.

러시아는 영국과 프랑스가 주축인 연합국에 가담해 오래전부터 사이가 나빴던 독일을 손보려고 했습니다. 게다가 독일 편에 선 오스만 제국*을 차지할 경우 얻게 되는 전리품도 만만치 않아, 더욱 구미가 당겼습니다.

겨울철만 되면 강추위로 인해 모든 바다가 얼어 버리는 러시아의 입장에서 얼지 않는 부동항을 갖는 일은 무엇보다도 중요했습니다. 항구가 폐쇄될 경우 외부의 교역이 중단되기 때문에 식량을 수입해야 하는 러시아는 매번 큰 위기를 맞이하는 형편이었습니다. 만약 오스만 제국을 차지함으로써 흑해와 지중해에 러시아 항구를 건설할 수 있다면, 러시아는 경제발전의 새로운 전기를 마련할 수 있었습니

---

* 1299년에 오스만 1세가 셀주크 제국을 무너뜨리고 소아시아에 세운 이슬람 제국. 1453년에 비잔틴 제국을 멸망시키고 이스탄불로 수도를 옮겨 번성하였으나, 제1차 세계대전 후 1922년에 국민 혁명으로 멸망하였다.

다. 니콜라이 2세는 제1차 세계대전을 러시아에 산적해 있던 기존의 모든 문제를 단번에 해결할 수 있는 절호의 기회로 여겨 과감하게 참전을 선택했습니다.

오스만 제국의 참전

13세기 말 오늘날 터키 지역에서 등장한 오스만 제국은 빠르게 세력을 확장해 1453년 비잔틴 제국_{동로마 제국}*을 무너뜨리며 전 유럽을 경악케 했습니다. 기독교 세계의 최후 보루이자 고대 로마 제국의 계승자로서, 서로마 제국이 무너진 뒤 1,000년 동안이나 번영해 온 동로마 제국이 갑자기 붕괴했기 때문입니다. 더구나 오스만 제국은 이슬람 국가로서 기독교를 신봉하는 유럽 국가

서구를 위협했던 이슬람 국가 오스만 제국

---

* 4세기 무렵, 로마 제국이 동·서로 분열할 때 동로마 제국의 제1대 황제 아르카디우스가 콘스탄티노플(이스탄불의 옛 이름)을 도읍으로 하여 세운 나라(330-1453).

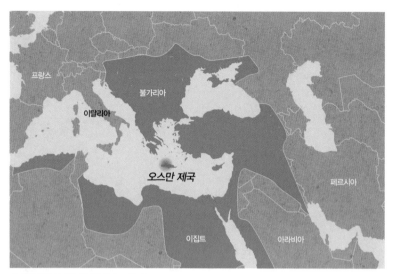

한때 광대한 영토를 차지했던 오스만 제국

와 사이좋게 지내기 힘든 눈엣가시와 같은 존재였기에 유럽은 동로
마 제국의 붕괴 소식에 놀라지 않을 수 없었습니다.

오스만 제국은 동로마 제국을 무너뜨린 이후에도 팽창을 지속해
17세기에 전성기를 맞이했습니다. 당시 오스만 제국은 오늘날 터키
가 위치한 소아시아* · 북아프리카 · 동유럽 등 3개 대륙을 아우르는
세계 최대 대국으로 성장했습니다.

하지만 영원할 것만 같던 오스만 제국의 번영도 19세기에 접어들

---

* 아시아의 서쪽 끝에 있는 흑해 · 에게해 · 지중해에 둘러싸인 반도. 터키의 대부분을 차지하며, 예로부터 아시아와 유럽을 잇는
  중요한 통로였다.

생존을 위해 독일과 손을 잡고 전쟁에 참여해야 했던 오스만 제국

면서 점차 시들해지기 시작했습니다. 과거 오스만 제국의 지배층은 솔선수범하는 자세로 나라를 바르게 운영했지만, 19세기 들어 어리석은 지도자가 계속 권좌에 앉으면서 국력이 쇠퇴해 갔습니다.

무엇보다도 오스만 제국은 이슬람교라는 종교적 틀에 얽매여 제대로 된 개혁 한 번 하지 못했습니다. 서구 문화에 대해 부정적인 시각을 가진 이슬람은 유럽에서 시작된 산업혁명과 민주주의를 모두 배척했습니다. 지도자들이 서구식 근대화는커녕 종교적 색채를 강화하는 방향으로 오스만 제국을 이끌어 가면서 시간이 흐를수록 유럽과의 격차는 더욱 커져만 갔습니다.

게다가 러시아가 오스만 제국의 지배 아래 있던 동유럽 국가들의 독립을 자극하면서 혼란이 더욱 가중되었습니다. 러시아는 같은 슬

전투에 나선 오스만 제국의 포병 부대

라브족인 동유럽 국가들의 독립을 통해 얼지 않는 부동항을 확보하려고 끊임없이 이간정책을 펼쳤습니다. 이처럼 오스만 제국은 19세기 내내 내우외환을 겪으며 쇠락의 길을 걸었습니다.

제1차 세계대전이 시작되었을 때 오스만 제국은 전쟁에 참여할 뜻이 없음을 분명히 밝히고 중립적인 자세를 취했습니다. 유럽 국가들끼리의 이권 다툼에 지나지 않는 전쟁에 섣불리 끼어들지 않으려고 했던 것입니다. 공연히 개입했다가 자칫 기존 영토마저도 보존하기 힘들 것이라는 현실적인 판단에 의한 지극히 합리적인 결정이었습니다.

하지만 유럽 강대국들은 전쟁을 피하려는 오스만 제국을 그냥 두지 않았습니다. 영국-프랑스와 한편이 된 러시아는 제1차 세계대전이 시작되기가 무섭게 오스만 제국을 공격했습니다. 결국 오스만 제국이 러시아를 막기 위해서는 독일-오스트리아와 동맹을 맺는 수밖에 없었습니다.

이처럼 오스만 제국은 전쟁을 결코 원하지 않았지만 러시아의 침략에 대처하기 위해 제1차 세계대전에 참전하게 되었고, 러시아뿐 아니라 영국과 프랑스와도 싸워야 했습니다. 영국과 프랑스를 포함한 유럽 국가들은 제1차 세계대전을 과거 오스만 제국이 기독교 국가를 정복하고 기독교인을 탄압했던 일에 대한 복수의 기회로 삼았습니다.

일본 제국의 참전

1854년 일본은 미국의 압력에 의해 나라의 빗장을 푼 이후 나름대로 근대화를 이루려고 노력했습니다. 메이지 천황이 나라를 서양처

아시아 국가 중 유일하게 근대화에 성공한 일본

일본 근대화에 앞장선 이토 히로부미

럼 변화시키기 위해 1868년 '메이지 유신'*이라는 개혁을 천명하고 전권을 휘두르며 본격적인 서구화에 나서면서, 일본은 아시아에서 가장 앞서 나가기 시작했습니다.

하지만 일본은 협소한 영토·많은 인구·빈약한 자원 등 강대국이 되기에는 많은 제약이 있어 근대화에 애를 먹고 있었습니다. 이때 도움의 손길을 내민 나라가 바로 영국입니다. 영국과 일본 양국은 같은 섬나라에다 틈만 나면 대륙을 침범하는 호전적인 국가로서 민족적인 우월감에 사로잡혀 있었습니다.

일본은 메이지 유신 이후 이토 히로부미 伊藤博文 등 영리한 학생들을 대거 영국으로 유학 보내, 당시로서 세계에서 가장 앞선 영국 문물을 배워 오도록 했습니다. 영국은 그동안 자신들이 이룩한 과학기술 등 각종 문물을 일본에 전수해 주며 근대화에 성공할 수 있도록 힘을 보탰습니다.

---

* 일본 메이지 천황 때 무신이 지배하던 막부체제를 무너뜨리고 천황을 중심으로 하는 지배체계로 전환한 것.

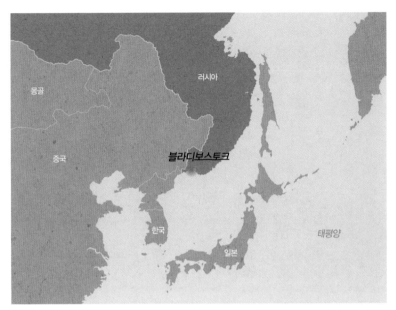

러시아의 남진 거점인 블라디보스토크

영국이 일본을 도와준 데는 나름대로 이유가 있었습니다. 러시아의 남하를 막고자 하는 영국의 세계 경영 전략에 일본이 필요했기 때문입니다. 당시 러시아는 연해주 지방에 있는 항만도시, '동방을 지배하라'라는 뜻을 지닌 블라디보스토크Vladivostok를 거점으로 남하하기 위해 호시탐탐 기회를 엿보고 있었고, 영국은 일본을 통해 러시아를 견제하려고 했습니다.

이를 위해 영국은 일본에 세계 최고 수준의 군함 설계기술 및 제조기술을 이전해 주었으며, 이보다 더욱 중요한 해전에 관한 전술과 전략까지 넘겨주었습니다. 그 덕분에 일본은 단기간에 영국과 미국에 이어 제3위의 해군력을 갖출 수 있었습니다. 1902년 영국과 일본은 '영

영국 덕분에 강력한 해군력을 갖게 된 일본

일동맹'을 맺어 훗날 어려운 일이 생기면 서로 돕기로 약속했습니다.

1904년 동북아시아에서 맹주가 되려는 일본의 욕구와 러시아의 남하를 막으려는 영국의 이해관계가 맞아떨어져 러일 전쟁*이 터졌습니다. 일본은 영국에서 최신예 전함을 구입해 러시아 해군을 격파했습니다. 그런데 막대한 전쟁비용을 들여가며 러시아와의 전쟁에서 승리를 거두었지만, 전쟁배상금을 받아 내지는 못했습니다.

일본은 과거 1895년 청일 전쟁**을 승리로 이끌면서 청나라로부터 막대한 배상금을 받아 낸 적이 있었고, 이 돈은 국가발전에 든든한

---

* 1904~1905년 한반도와 만주의 지배권을 두고 러시아와 일본 사이에 일어난 전쟁.
** 1894~1895년 조선의 지배권을 놓고 청(淸)나라와 일본 사이에 일어난 전쟁.

밑천이 되었습니다. 즉 일본이 러일 전쟁을 일으킨 중요한 이유 중 하나는 승전할 경우 얻게 될 막대할 전쟁배상금 때문이었습니다. 하지만 러일 전쟁 직후 유럽 열강과 미국의 저지로 인해 일본은 패전국 러시아에게 전쟁배상금을 받아 내지 못했습니다. 이후 일본은 극심한 재정난에 시달렸습니다.

일본이 '전쟁으로 생긴 빚을 갚기 위한 가장 좋은 방법은 전쟁'이라는 생각으로 기회를 엿보고 있던 와중에 때마침 제1차 세계대전이 일어났습니다. 하지만 유럽 대륙이 주 무대인 제1차 세계대전에 동북아시아 끝자락에 위치한 일본은 끼어들 명분을 찾기가 쉽지 않았습니다. 이때 일본 정부는 영일동맹을 구실로 '혈맹관계에 있는 영국이 위기에 처했으므로 일본도 참전한다.'는 대의명분을 내세우며 제1차 세계대전에 뛰어들었습니다.

본격화된 제1차 세계대전

영국과 프랑스뿐 아니라 러시아까지 전쟁에 참여하자 독일 황제 빌헬름 2세는 매우 난감해졌습니다. 독일이 아무리 강대국이라 할지라도 유럽의 전통 강국인 영국과 프랑스 그리고 러시아까지 동시에 대적하기란 쉽지 않은 일이었기 때문입니다. 빌헬름 2세는 영국-프랑스와 맞붙는 서부전선과 러시아와 싸워야 하는 동부전선으로 전선을 나누어 독일군을 배치했습니다.

거대한 영토에 인구가 흩어져 있는 러시아가 전쟁을 준비하는 동안 독일은 프랑스를 점령해 전쟁의 승기를 잡고 서부전선의 병력을 동부전선으로 이동시켜 러시아를 격퇴하려는 계획을 세웠습니다. 당시 영국은 프랑스와 독일의 국경지대에 전 병력을 배치한 채 결전을 준비하고 있었습니다. 이 사실을 잘 알고 있던 독일은 1914년 8월 4일 중립국 벨기에를 통해 프랑스로 진격하는 전략을 구사했습니다. 독일의 전략은 전쟁 초반에 상당한 성과가 있었습니다.

하지만 전열을 가다듬은 프랑스와 영국 등 연합군이 독일군에 맞서 나가면서 전쟁은 일진일퇴의 교착상태로 빠져들었습니다. 영국의 거대한 전함들은 대서양을 안방처럼 누비고 다니며 독일 전함을 모조리 침몰시켰습니다. 독일이 철저히 봉쇄되자, 독일 제국·이탈리아 왕국·오스트리아-헝가리 제국·오스만 제국·불가리아 왕국으로 구성된 동맹국은 시간이 지날수록 점점 불리해졌습니다. 세계 최강의 해군력을 보유한 영국이 해상권을 장악하면서 군수물자 보급에 극심한 곤란을 겪게 된 독일은 대안마련에 나섰습니다.

독일이 해군력의 열세를 만회하기 위해 떠올린 대책은 당시 최신 무기인 잠수함을 전쟁에 동원하는 일이었습니다. 바다 위에서는 영국 해군을 도저히 감당할 수 없었지만, 바다 속에서는 뒤지지 않는다는 것이 독일 해군의 판단이었습니다. 이후 독일의 앞선 기술을 바탕으로 무수히 많은 잠수함이 건조되어 대서양 바다 속을 휘젓고 다녔습니다.

당시 독일 잠수함 유보트U-boat는 전쟁 기간에 무려 5,700여 척의 연합국 전함과 상선을 공격해 대서양을 불바다로 만들었습니다. 이로 인해 영국이 보유하고 있던 선박의 25% 이상이 바다 속으로 침몰해 영국은 극심한 물자 부족에 시달렸습니다. 독일은 연합군의 군함과 민간 상선을 가리지 않고 닥치는 대로 공격하는 '무제한 잠수함 작전'을 통해 큰 성과를 거두며 해상권에서 영국에 밀리지 않았습니다.

영국 해군은 모습을 드러내지 않고 바다 속에서 잠수함 공격을 단행하는 독일을 향해 "전 세계 어느 나라도 이렇게 악랄하고 야비한 전쟁수단을 사용하지는 않았다."라고 성토하며 잠수함 작전을 즉각 중단할 것을 요구했습니다. 해상봉쇄를 통해 독일을 고사시키려던 영국은 독일의 무제한 잠수함 작전으로 막대한 타격을 입었습니다.

잠수함으로 반격에 나선 독일군

하지만 무제한 잠수함 작전은 한 가지 큰 맹점을 가지고 있었습니다. 독일의 유보트는 바다 위로 올라올 경우 연합국 전함의 집중 포격으로 침몰하기 십상이었기 때문에 대부분 바다 속에서 공격을 감행해야 했습니다. 그러다 보니 바다 위에 있는 배가 연합국 선박인지 다른 나라 선박인지 제대로 구분할 수 없는 상태에서 공격을 단행했고, 침몰된 선박 중에는 제3국 배도 상당했습니다.

제1차 세계대전이 일어나자 미국은 재빨리 중립을 선언하고 연합국에 무기를 팔아 큰돈을 벌고 있었습니다. 그런데 독일 잠수함 유보트가 연합군에 보낼 무기와 식량을 실은 자국의 선박을 침몰시키면서 미국은 점차 불만이 쌓이기 시작했습니다.

1915년 5월 유보트가 영국 여객선 루시타니아Lusitania호를 침몰시

유보트에 의해 침몰한 루시타니아호

킨 사건이 발생했습니다. 그 배에는 미국인 승객 120여 명이 타고 있었고 이 사건은 사망 소식을 접한 미국 사람들의 공분을 일으켰습니다. 독일 해군이 전개한 무제한 잠수함 작전은 제해권 장악에 매우 효과적인 해상작전이지만, 정확한 공격대상을 구별해 낼 수 없는 치명적 약점으로 인해 군수물자 판매에 여념이 없던 미국의 신경을 건드리는 부작용을 낳았습니다.

독일의 악마 과학자 프리츠 하버

영국 정부는 전쟁이 일어난 후 독일이 머지않아 항복할 것이라 확신하고 있었습니다. 왜냐하면 영국 정부가 화약제조에 필수적인 초석을 통제하고 있었기 때문입니다. 화약의 주원료인 초석은 칠레의 아타카마Atacama 사막과 미국 서부 지대에서 대량생산되었습니다. 초석의 최대 산지인 칠레는 영국의 오랜 우방일 뿐 아니라 초석 광산이 대부분 영국 자본가의 소유였기 때문에 전쟁이 일어남과 동시에 독일로 초석 수출을 중단했습니다. 또 다른 대규모 초석 생산 국가인 미국 역시 영국과 피로 맺어진 형제국가나 다름없기 때문에 독일 편에 서지 않았습니다.

영국이 해상봉쇄를 시작하면서 예상대로 독일군은 군수물자 생산에 큰 차질을 빚었습니다. 독일도 영국처럼 자원이 풍족한 나라가 아니기 때문에 대부분의 전쟁물자용 원자재를 수입에 의존했는데, 영국의 방해로 바다를 통한 물자 유입이 대폭 감소하자 전쟁 수행에

초석의 최대 산지
아타카마 사막

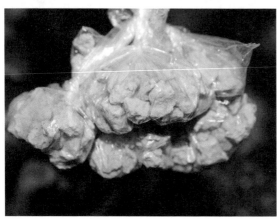

화약의 원료로도 사용된
초석

곤란을 겪을 수밖에 없었습니다.

하지만 독일은 초석 수입이 중단되어도 화약제조에는 별다른 타격을 받지 않아 영국 정부를 놀라게 했습니다. 초석 없이도 화약생산을 가능하게 만든 사람은 바로 '악마의 과학자'라고 불리는 독일의 화학자 프리츠 하버Fritz Haber였습니다. 물리학계에 뉴턴이나 아인슈타인이 있다면 화학계에는 프리츠 하버가 있다는 말이 있을 정도로 화학계에서 그의 존재는 독보적입니다.

1868년 프리츠 하버는 독일 브레슬라우Breslau: 오늘날 폴란드 브로츠와프에서 대형 화학약품 회사를 운영하던 유대인 집안에서 태어났습니다.

그는 집안 영향으로 어릴 적부터 셀 수 없이 많은 화학약품을 다룬 경험이 있어 화학에 대한 남다른 통찰력을 지니고 있었습니다. 독일의 명문 베를린대학에서 화학을 공부한 프리츠 하버는 훗날 모교의 화학과 교수가 되면서 활발한 연구활동을 펼쳤습니다.

1908년 하버는 기체 상태의 질소와 수소를 반응시켜

독일의 화학자 프리츠 하버

질소비료의 대량생산 시대를 연 프리츠 하버

암모니아로 만드는 놀라운 방법을 개발했습니다. 이는 질소비료를 대량으로 생산할 수 있는 길을 열어 그동안 인류에게 고통을 주어 왔던 기근으로부터 해방을 의미할 뿐 아니라, 폭탄제조에 필수적인 질산을 대량생산할 수 있는 길도 열어 제1차 세계대전을 증폭시킨 배경이 되기도 했습니다.

땅에서 생산되는 곡물의 주요 구성성분은 탄소·수소·질소·산소입니다. 따라서 이들 원소가 충분해야 많은 수확을 기대할 수 있습니다. 공기 중에는 질소가 78% 정도로 가장 많지만 식물은 공기 중의 질소를 직접 흡수하지 못하고 흙을 통해 흡수합니다. 땅속에 질소가 충분하면 식물이 잘 자라기 때문에 풍년을 이루지만 질소가 부족하면 성장장애로 흉년을 겪게 됩니다. 식량 생산을 늘리기 위해서는 외부에서 질소 성분을 공급해 주어야 하며, 이를 위해 인류는 오래전부터 퇴비나 동물 배설물을 이용해 왔습니다.

그런데 19세기 칠레 아타카마 사막에서 질소 성분을 잔뜩 함유하고 있는 초석이 대량으로 발굴되면서 유럽의 곡물 생산량은 비약적으로 증가했습니다. 하지만 시간이 흐르면서 그 많던 초석도 점차 고갈되어 채굴량이 급속히 줄어들었고, 이는 농산물 가격의 폭등을 불러왔습니다. 만약 인류가 새로운 질소 공급원을 찾지 못한다면 늘어난 인구를 도저히 부양할 수 없어, 해마다 무수히 많은 사람이 굶주림에 시달려야 하는 절박한 상태였습니다. 이때 하버가 물을 전기분해하여 얻은 수소와 공기 중의 질소를 높은 온도와 압력에서 반응시켜 암모니아를 만들어 내는 데 성공했습니다. 이 암모니아가 질소비료 제조에 이용됨으로써 화학비료 시대가 열렸습니다.

프리츠 하버 덕분에 물과 공기만 있으면 얼마든지 질소비료를 만들 수 있게 되면서 농업 생산량에 혁명적인 변화가 일어났습니다. 질소비료 대량생산은 농산물 생산을 6배나 늘리며 식량부족 문제를 일거에 해결했습니다. 사람들은 공기 중의 질소를 이용해 식량부족 문제를 해결한 프리츠 하버를 '공기에서 빵을 만들어 낸 과학자'라고 칭송하며 20세기 최고의 화학자로 치켜세웠습니다. 암모니아를 대량생산하는 기술 개발은 프리츠 하버를 백만장자의 반열에 올려 주었습니다. 화학비료를 생산하려는 독일 기업들이 그에게 막대한 기술사용료를 지급했기 때문에 그는 손쉽게 돈을 벌 수 있었습니다.

1914년 제1차 세계대전이 시작되자 프리츠 하버는 암모니아를 질산으로 변환시켜 초석 없이도 화약을 대량생산할 수 있는 길을 열었습니다. 그의 신기술로 인해 영국의 해상봉쇄 작전은 당초 기대했던 성과를 달성할 수 없었으며, 독일군은 전쟁이 끝나는 날까지 화약을 생산할 수 있었습니다.

독일 정부는 전쟁을 빨리 끝내기 위해 프리츠 하버에게 독가스 개발에 나서 줄 것을 요구했습니다. 하지만 1899년 네덜란드 헤이그 Hague에서 각국 대표들이 모여 맺은 국제조약에 의해 전쟁 시 독가스 제조 및 사용은 엄격히 금지되었기 때문에 개발하는 것 자체가 중대한 반인륜 범죄에 해당했습니다.

남편의 독가스 개발에 반대한 클라라 임머바르

독일 최초의 유대계 여성 화학박사이자 확고한 평화주의자였던 프리츠 하버의 아내 클라라 임머바르Clara Immerwahr는 남편이 화학무기 개발에 나서지 않기를 간절히 바랐습니다. 아내의 필사적인 만류에도 불구하고 독가스 개발에 나선 프리츠 하버는 소금을 전기분해하여 얻은 염소를 고농도로 농축해 염소가스를 만드는 데 성

독일군의 염소가스 살포

공했습니다.

프리츠 하버가 만든 염소가스는 적은 양으로도 사람의 몸을 마비시키고 장기를 손상해 결국 죽음에 이르게 하는 치명적인 독가스입니다. 또한 공기 중에 빠르게 퍼져 나가 살상력이 높고, 영하 32도 이하로 내려가야 액체로 변하기 때문에 추운 겨울에도 투입할 수 있다는 장점이 있었습니다. 특히 염소가스가 눈에 닿으면 시력을 잃게 되어 영구적인 시각장애를 갖게 됩니다.

1915년 4월 22일 독일군은 치열한 전투가 벌어지던 벨기에 서북부 이프르Ypres 지역에 프리츠 하버가 개발한 독가스를 처음으로 사용해 프랑스군을 공격했습니다. 프랑스군 진지에 떨어진 염소가스 폭

치명적인 염소가스가 살포된 전투 현장의 독일군

방독면을 쓴 채로 전투하는 군인

염소가스로 시력을 상실한 영국군

탄은 파인애플에 후춧가루를 탄 듯한 냄새와 함께 사람들을 죽음으로 몰아넣기 시작했습니다. 독가스의 위력은 실로 엄청나 순식간에 5,000여 명이 폐가 타들어 가는 극심한 고통 속에 시달리다가 죽었습니다. 또한 6,000명 넘는 사람이 시력을 잃는 부상을 당했습니다.

이프르 전투는 인류 역사상 최악의 화학전이자 전쟁범죄였지만 프리츠 하버는 국가로부터 훈장을 받고 당시 독일의 최고 과학기관 '카이저 빌헬름 연구소' 최고 책임자가 되었습니다. 그는 독일 국민에게 조국을 위해 헌신한 천재 과학자로 추앙받으며 전쟁영웅이 되었습니다. 그러나 하버의 화학무기 개발에 반대했던 아내 클라라는 이프르 전투에서 독가스가 사용된 날로부터 열흘 후 1915년 5월 스스로 목숨을 끊었습니다. 하버는 이에 아랑곳하지 않고 다음날에도

유대인 학살에 사용된 하버의 독가스 원료

연구소에 출근해 더욱 강력한 독가스를 만들기 위해 매진했고, 동부전선으로 가서 러시아 군대에 포스겐Phosgene으로 만든 독가스를 살포했습니다.

1918년 11월 종전 후 그는 전범재판에 회부되었지만, 몰래 중립국 스위스로 도망쳐 은신했습니다. 그해 12월 프리츠 하버는 암모니아 합성법을 발견한 공로로 인류를 위해 크게 공헌한 사람에게 수여하는 노벨 화학상을 받는 영광을 누렸습니다. 노벨상위원회는 독가스를 만들어 많은 사람을 죽인 일보다 인류를 굶주림의 공포에서 해방시킨 공을 더 높게 평가해 그에게 상을 주었습니다. 하지만 독가스를 개발해 수많은 사람을 죽음으로 몰아넣은 프리츠 하버에게 노벨상을 수여한 일이 과연 합당했는지는 지금도 논란의 대상이 되고 있습니다.

프리츠 하버는 아돌프 히틀러Adolf Hitler의 등장과 함께 몰락의 길을 걷게 되었습니다. 1934년 히틀러는 프리츠 하버를 유대인이라는 이유로 해외로 영구 추방했습니다. 또한 프리츠 하버가 개발한 독가스를 이용해 그의 동족인 유대인 600만 명을 학살했습니다. 나치 독일

위대한 업적에도 지탄의 대상으로 전락한 프리츠 하버의 무덤

의 손에 죽은 유대인 중에는 프리츠 하버의 직계가족과 친척도 다수 포함되어 있었습니다. 프리츠 하버는 동족을 죽이는 독가스를 개발한 사람으로 역사에 씻을 수 없는 오명을 남겼습니다.

프리츠 하버에게 화학은 생명과 죽음의 마법이었습니다. 그는 공기에서 빵을 얻고 소금에서 독가스를 만들어 내는 천재 과학자였지만, 수많은 사람을 죽음으로 몰아넣은 극악무도한 전범이기도 했습니다. 본래 과학은 가치중립적이지만 어떻게 사용하느냐에 따라 인류에게 커다란 도움이 될 수도 있고, 인류를 파멸로 이끌 수도 있다는 것이 제1차 세계대전을 통해 여실히 드러났습니다.

지옥의 참호전

제1차 세계대전은 여러 가지 면에서 기존 전쟁과 확연히 달랐습니다. 독가스·비행기·잠수함·전투기·기관총 등 신무기가 전장에 대거 등장하면서 이전과는 비교할 수 없을 정도로 희생자가 많았습니다.

1885년 미국인 발명가 하이럼 맥심Hiram Maxim이 개발한 기관총은 전쟁의 양상을 완전히 뒤바꿔 놓았을 정도로 제1차 세계대전에 큰 영향을 미쳤습니다. 독일군은 맥심 기관총을 대거 전장에 투입했습니다. 이 사실을 알지 못한 연합군은 적진을 향해 진군하다가 몰살당했습니다. 영국군은 "돌격! 앞으로!"라는 외침과 함께 장교가 가장 먼저 앞으로 달려나가는 전통으로 인해 무수히 많은 장교가 가장 먼저 기관총에 사살당하고 말았습니다. 용맹했던 영국군 장교 중에는 케임브리지·옥스퍼드 등 명문대학 출신 인재가 많아 전후 국가재건

하이럼 맥심이 개발한
기관총

기관총으로 영국군에 큰 타격을 준 독일군

에 적지 않은 타격을 주었습니다.

　독일군이 기관총으로 영국군을 대량 학살함에 따라 영국도 곧바로 진지에 기관총을 배치하며 대응에 나섰습니다. 기관총 배치로 인해 양측 군인들은 한 발짝도 앞으로 나가지 못한 채 참호를 파고 무작정 때를 기다리는 지루한 참호전*을 전개하면서 전쟁이 장기전으로 흘러갔습니다. 양측이 상대방에게 조금이라도 더 피해를 주기 위해 끊임없이 포격전을 벌이며 소모전이 이어졌습니다. 전쟁에 직접적으로 참여하지 않은 민간인들도 전쟁을 수행하기 위해 필요한 물자를 만드는 일에 동원되면서 제1차 세계대전은 전 국력을 쏟는 총력전으로 전개되었습니다.

* 전장에서 적의 포탄을 피하기 위해 땅을 파 참호를 만든 후 참호에 의지해 전투를 벌이는 것.

독일군에 맞선 영국군의 기관총

참호전으로 교착상태에 빠진 전쟁

1916년 2월 독일군 총사령관 에리히 폰 팔켄하인Erich von Falkenhayn은 끊임없이 계속되는 참호전을 끝내기 위해 프랑스 베르됭Verdun 지역을 공격해 들어갔습니다. 14만 명 넘는 독일군이 베르됭 지역에 주둔하고 있던 연합군에 시간당 10만 발 이상의 포탄을 쏟아부으며 기선제압에 나섰습니다. 독일군이 퍼붓는 엄청난 양

유례를 찾기 힘들 정도의 포격을 쏟아부은
독일의 팔켄하인 장군

의 포탄은 연합군에 막대한 타격을 입혔습니다.

독일의 유명 소설가 에리히 레마르크Erich Remarque가 '우리는 사람이 두개골 없이도 살아있는 것을 보았습니다. 발목을 잃고 달리는 모습도 보았습니다. 그들은 살기 위해 동강난 다리로 꺼꾸러져가며 숨을 곳을 찾아 헤맸습니다.'라고 묘사했을 정도로 전투는 처참하기 그지없었습니다. 연합군은 독일군의 맹공으로 엄청난 피해를 입었지만 포기하지 않고 베르됭 지역을 사수했습니다. 10개월 동안 계속된 전투에서 4,000만 발 이상의 포탄이 투하되었고, 사상자는 모두 합쳐 100만 명을 넘어섰습니다.

포탄이 떨어질 때마다 병사들은 고막이 찢어지는 큰 진동과 굉음

초대형 대포를 동원해 연합군 괴멸작전에 나선 독일

에 시달렸습니다. 시도 때도 없이 떨어지는 포탄으로 미쳐 가는 군인들이 생겨났습니다. 군인들은 기관총과 포탄에 맞아 죽지 않기 위해 참호 안으로 꼭꼭 숨어 들어갔습니다. 참호는 대개 몇 백 미터 간격을 두고 만들어졌는데, 행여 화장실을 가기 위해 참호 밖으로 나가는 순간 곧바로 사살되기 십상이었습니다. 군인들은 참호 안에서 용변을 보아야 했고, 옆에 있던 동료가 죽으면 매장할 수 없어 시신을 그대로 참호 안에 두어야 했습니다. 비가 와서 참호 안에 물이 고여도 군화를 벗을 수 없어 물에 젖은 발이 썩어 가는 질병에 시달리기도 했습니다.

군인들이 소모품처럼 사용되었지만, 국가가 국민 모두에게 강제적으로 병역의 의무를 지우는 징병제를 도입한 각국은 계속 젊은이들

무수히 많은 희생자를 낳은 제1차 세계대전

전쟁으로 초토화된 유럽

을 전장으로 내보내 희생자 수가 늘어만 갔습니다. 제1차 세계대전 기간에 7,000만 명 넘는 군인이 전쟁에 동원되어, 이 중 940만 명 이상이 전사했고 1,500만여 명이 부상을 당했습니다. 여기에는 독일군 200만 명, 프랑스군 130만 명, 영국군 70만 명, 러시아군 180만 명 등의 젊은이가 포함되어 있었습니다.

또한 유럽 각국은 막대한 전비 지출로 빚더미에 올라앉았습니다. 전쟁이 시작되고 나서 중립을 선언한 미국은 무기를 팔아 큰돈을 벌어 유럽에 빌려주었습니다. 이를 통해 미국은 세계 최대 채무국에서 전쟁 이후 세계 최대의 채권국으로 부상했습니다.

크리스마스 휴전

제1차 세계대전이 시작되었을 때 그 누구도 이 전쟁이 장기전으로 비화될 것이라고는 예상하지 못했습니다. 영국 국왕 조지 5세는 참전한 군인들을 향해 "이번 크리스마스를 집에서 보내게 될 테니 걱정하지 말라."는 당부를 했고, 독일 빌헬름 2세 역시 "나뭇잎이 떨어지기 전에 고향으로 돌아가게 될 것이다."라고 장담했을 정도로 양쪽 진영 모두 단기전을 예측했습니다.

하지만 양측 군대는 1914년 첫 번째 크리스마스를 차가운 참호에서 맞이하게 되었습니다. 크리스마스 전날인 12월 24일 서부전선 중 하나였던 벨기에 플랑드르Flandre 지역에서 기관총을 앞에 두고 대치를 벌이던 중, 독일군 병사 하나가 참호 안에서 크리스마스 캐럴을

크리스마스 휴전

큰 소리로 부르기 시작했습니다. 고향을 그리던 다른 독일군 병사들도 이내 따라 불렀습니다. 영국군은 불과 100미터도 안 되는 곳에서 독일군이 부르는 캐럴을 들으며 감상에 젖어들고 있었습니다.

　독일 병사의 크리스마스 캐럴이 끝나자, 영국군은 참호 안에서 환호성과 함께 박수를 보냈습니다. 그때 처음 캐럴을 부른 독일 병사가 노래를 부르며 참호 밖으로 나가 영국군 진지로 향했습니다. 독일군 진영 여기저기서 노래하는 병사를 향해 총을 쏘지 말라는 외침이 흘러나왔습니다. 영국군도 노래를 부르며 다가오는 독일 병사에게 총을 쏘지 않았습니다. 잠시 후 독일군 참호에서 '총을 쏘지 마라. 우리도 쏘지 않겠다.'라는 깃발이 솟아오름과 동시에 독일군 병사가 대거 참호 밖으로 나오기 시작했습니다. 이를 지켜본 영국군 병사들도 참호 밖으로 나와 이내 중간 지역에서 얼굴을 마주보게 되었습니다.

　전쟁터에 불려 나온 젊은이는 대부분 스무 살 안팎의 청년으로 얼

양측 사이에 벌어진 축구경기

굴에는 아직 앳된 모습이 남아 있었습니다. 이들은 누가 시키지 않았지만 서로 손을 내밀어 악수를 청했습니다. 양측은 크리스마스 날에는 전쟁을 하지 않고 하루 휴전에 들어가기로 약속했습니다. 이들은 전사한 동료들을 함께 묻어 주었고 명복을 기리는 예배를 올렸습니다. 또한 기념사진을 함께 찍고 담배나 비스킷 같은 작은 선물을 교환하기도 했습니다. 크리스마스 날 독일군과 연합군은 축구시합을 개최해 선의의 경쟁을 벌이기도 했습니다.

이러한 사실이 상부에 알려지자 양측 지휘부는 하나같이 병사들을 징계하며 다시는 그와 같은 짓을 하지 못하도록 지시했습니다. 훗날 '크리스마스 휴전'이라고 불린 이 사건은 죽음의 공포 속에서 피어난 평화를 상징하며 사람들에게 널리 회자되었습니다. 사실 전쟁만큼 모순적인 일도 없습니다. 전쟁을 일으킨 권력자들 중 전쟁터에서 죽는 사람은 거의 없고, 애꿎은 젊은이들만 전장에서 피를 흘리고 죽어 갑니다. 또한 전쟁을 결정하는 데 아무런 역할을 하지 못한 일반 국민들이 전비 마련을 위해 큰 고통을 당해야 합니다.

제1차 세계대전 직후 발표된 통계에 의하면 일선에서 적군과 맞닥뜨린 군인들의 실제 정조준 사격률은 절반에도 미치지 못할 정도로 낮았습니다. 이는 전쟁에 참여한 병사들이 남을 죽이는 것을 두려워했기 때문입니다. 자신이 쏜 총에 의해 다른 사람이 죽는 것을 원치 않았던 병사들은 상대방을 제대로 겨누지도 않고 총을 발사했습니다. 이런 현상은 독일군이나 연합군 모두 비슷하게 나타났습니다.

갈리폴리 전투

제1차 세계대전이 끊임없이 소모전을 치르는 참호전 양상으로 진행되면서 영국과 프랑스 중심의 연합군 희생이 눈덩이처럼 불어나기 시작했습니다. 이에 연합군 측은 전쟁을 하루빨리 끝내기 위해 독일의 주 동맹국인 오스만 제국부터 처리하기로 결정했습니다. 연합국 측에 선 러시아가 내부의 부정부패로 인해 극심한 군수물자 부족에 시달리고 있었기 때문에 연합국 측은 오스만 제국을 지나가는 해상보급로를 확보해야 하는 처지였습니다.

하지만 오스만 제국이 독일-오스트리아 편에 가담해 있었기 때문에 서유럽에서 흑해를 거쳐 러시아로 이어지는 해상보급로는 꽁꽁 막혀 있는 상태였습니다. 영국의 해군성 장관이던 윈스턴 처칠Winston

갈리폴리에 집착해 수많은 연합군을 잃은 윈스턴 처칠

Churchill은 오스만 제국을 단번에 제압하기 위해 당시로서는 역사상 최대 규모의 상륙작전 준비에 들어갔습니다.

윈스턴 처칠이 상륙작전의 목표로 삼은 곳은 유럽과 아시아, 지중해와 흑해를 연결하는 전략적 요충지인 다르다넬스Dardanelles해협에 위치한 갈리폴리 Gallipoli였습니다. 이곳은 오래전부터 소아시아의 가장 중요한 요충지로 끊임없이 분쟁의 대상이었을 만큼 지리적으로 매우 중요한 곳이었습니다.

1915년 2월 영국의 해군 장관 윈스턴 처칠은 당시 영국 해군이 보유하고 있던 최신 전함 6척을 필두로 수많은 군함 등을 총동원해 갈리폴리 지역에 대대적인 해상 포격을 가함으로써 전투의 서막을 열었습니다. 자신감이 넘쳤던 윈스턴 처칠은 세계 최강 영국 해군의 해상 공격만으로도 노쇠한 오스만 제국을 항복시킬 수 있을 것이라고 착각했습니다. 영국 해군은 공격을 시작한 후 밤낮으로 엄청난 양의 포탄을 갈리폴리에 퍼부었지만 기대와 달리 오스만 군대에 별다른 타격을 주지 못했습니다.

당시 오스만 군대를 이끌던 사령관은 무스타파 케말Mustafa kemal 대령

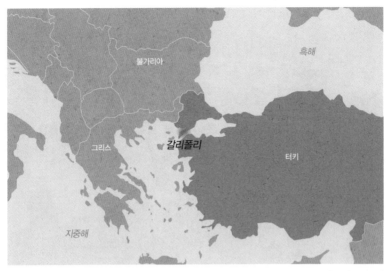

소아시아의 지리적 요충지인 갈리폴리

이었습니다. 그는 오스만 제
국 역사상 가장 훌륭한 군인
중 한 명으로 연합군의 침입
에 대비해 오래전부터 철저히
준비해 왔습니다. 그는 영국
전함의 포격에 대비해 웬만한
공격에도 끄떡없는 튼튼한 참
호를 만들었고, 독일에서 지
원받은 강력한 대포를 설치해
적극적인 반격에 나섰습니다.
독일은 오스만 제국의 승리를

오스만 제국군을 이끈 명장 무스타파 케말

독일제 대포로 영국 군함에 큰 타격을 준 오스만 제국군

갈리폴리 전투에서 격침된 영국의 전함 골리앗

위해 자국 순양함에 설치했던 초대형 대포를 떼어다 줄 만큼 적극적으로 동맹국을 도왔습니다.

윈스턴 처칠은 영국 전함이 무차별적으로 포격을 가하면 오스만 군대가 혼비백산해 줄행랑칠 것이라고 생각했습니다. 하지만 오스만 군대는 견고한 참호 속에 몸을 숨긴 채 강력하고도 정확한 독일 대포로 영국 전함을 박살내기 시작했습니다. 영국이 자랑하던 막강한 전함들이 차례로 격침되면서 영국 해군은 큰 충격을 받았습니다. 영국은 갈리폴리 전투에서만 3척의 전함과 수많은 군함을 잃었습니다.

오스만 군대의 포격에 영국 군함이 속절없이 침몰하자 전쟁터에서 작전을 지휘하던 영국 해군 지휘관들은 하나같이 런던에 있는 처칠에게 작전을 변경해 줄 것을 요청했습니다. 하지만 41세의 젊은 나이에 야심만만한 윈스턴 처칠은 자신의 전략이 잘못되었음을 인정하지 않았습니다. 처칠의 고집으로 갈리폴리 해상 포격은 계속되었고 시간이 흐를수록 더 많은 영국 군함이 침몰하면서 무수한 희생자가 생겨났습니다. 결국 작전을 기획한 윈스턴 처칠은 자신의 잘못으로 인해 수만 명의 애꿎은 영국 젊은이가 목숨을 잃은 사태에 대한 책임을 지고 해군 장관직에서 물러났고, 이후 전투는 새로운 양상으로 전개되었습니다.

영국군 사령부는 해상 공격만으로는 도저히 오스만 제국을 굴복시킬 수 없다는 사실을 깨닫고 육군을 동원한 상륙작전에 나섰습니다. 영국이 주도하는 대규모 상륙작전에는 당시 영국 식민지였던 호

가까스로 갈리폴리에 상륙한 연합군

주나 뉴질랜드 등 여러 나라가 힘을 보탰습니다.

1915년 4월 25일 영국 함대의 포신이 불을 뿜으며 대대적인 갈리폴리 상륙작전이 시작되었습니다. 영국 해군은 육군이 안전하게 갈리폴리 해안에 상륙할 수 있도록 엄청난 규모의 선제포격을 가해, 해안가를 지키던 오스만 군대에 큰 피해를 주었습니다. 대규모 해상 공격이 끝나고 수만 명의 연합군이 갈리폴리 해안 상륙에 성공하면서 작전 성공을 예상하는 낙관적인 분위기가 형성되었습니다.

하지만 상륙작전 성공은 더 큰 희생을 향한 전주곡에 지나지 않았습니다. 오스만 제국의 주력 군대는 갈리폴리 해안가를 둘러싸고 있는 가파른 고지대에 진지를 구축하고 있었기 때문에, 연합군이 최종적인 승리를 거두기 위해서는 높은 지대에 있는 오스만 군대를 물리쳐야 했습니다.

오스만 사령관 무스타파 케말은 영국군의 공격에 대비해 고지에 대포와 기관총 같은 중화기를 잔뜩 설치해 놓았습니다. 또한 결전에 앞서 자신을 믿고 따르던 부하를 전부 모아 놓고 "우리가 무너지면 자랑스러운 오스만 제국이 붕괴되고, 우리는 저들의 노예가 되어야 한다. 제군들에게는 미안한 말이지만 우리는 살아남기 위해 싸우는 것이 아니라 죽기 위해 싸울 것이다. 그러나 우리의 죽음은 결코 무의미한 죽음이 아니다. 오늘, 우리들의 죽음이 조국을 지키는 밑거름이 될 것이며 그대들의 이름은 역사에 길이 남을 것이다. 나 역시 여기에서 무너지면 제군들과 같이 시체로 뒹굴고 있을 것이다."라는 감동적인 연설을 했습니다.

무스타파 케말 사령관과 갈리폴리를 지키던 이름 없는 수많은 오스만 병사는 한마음 한뜻으로 조국을 지키고자 했습니다. 이 같은 뜨거운 애국심이야말로 전쟁터에서 가장 강력한 무기였습니다.

해안가에 상륙한 연합군은 저지대에 위치한 불리한 여건을 해소하기 위해 절벽 위의 오스만 군대를 향해 일제히 돌격을 감행했습니다. 하지만 진지를 벗어나기가 무섭게 오스만 군대의 기관총과 대포에 의해 막대한 피해를 입었습니다. 연합군 수천 명이 동시에 앞을 향해 돌진했지만 몇 발자국을 떼지 못한 채 쓰러져, 머지않아 갈리폴리 해안가는 연합군의 시신으로 산을 이룰 지경이 되었습니다.

고지를 향해 돌진하는 연합군

참호 속의 연합군

게다가 갈리폴리 해안에 꼼짝없이 갇힌 연합군은 물 한 방울 구할
수 없어 수송선을 이용해 이집트에서 마시는 물까지 실어 와야 했습
니다. 당초 연합군은 갈리폴리를 방어하던 오스만 군대를 가볍게 제
압하고 수도 이스탄불까지 순식간에 점령하려고 했지만, 갈리폴리
에 발이 묶여 옴짝달싹도 못한 채 막대한 피해만 입었습니다. 하지만
연합군 사령부가 갈리폴리 정복에 대한 집착의 끈을 놓지 않는 바람
에 전투는 해를 넘기게 되었습니다.

1916년 1월 더 이상의 피해를 감당할 수 없었던 연합군 사령부는
모든 병력을 철수하기에 이르렀습니다. 최초의 포격이 있고 난 후
1년 가까이 진행된 갈리폴리 전투의 결과는 참혹하기 그지없었습

갈리폴리에서 연합국에 맞선 오스만 제국 군대

수많은 사상자를 양산한 갈리폴리 전투

니다. 갈리폴리 상륙작전에 참여한 40만 명의 연합군 중 무려 25만 2,000명이 죽거나 다쳤으며, 사상자의 대부분은 전투를 주도했던 영국군이었습니다. 갈리폴리 전투는 영국군이 그동안 치른 전투 중 최대의 치욕으로 남았습니다.

연합군에 맞선 오스만 군대의 피해도 막대해 사상자가 25만 명을 넘어섰습니다. 하지만 장병들과 함께 목숨 걸고 갈리폴리를 사수해 승리를 거둔 오스만의 사령관 무스타파 케말은 민족적 영웅으로 떠올랐습니다. 오스만 제국은 무스타파 케말의 무공을 높이 평가해 그에게 위대한 장군을 의미하는 '파샤'라는 호칭을 수여했습니다. 이후 무스타파 케말은 위대한 군인을 뜻하는 '케말 파샤'라 불리게 되었습니다.

영국의 '세 다리 걸치기' 전략

갈리폴리 상륙작전에서 막대한 타격을 입은 영국은 오스만 제국을 무너뜨리기 위해 새로운 작전을 구상하기 시작했습니다. 영국은 대군을 동원해 무력으로 정복하는 것은 한계가 있음을 깨닫고, 이간책으로 오스만 제국을 혼란에 빠뜨리고자 했습니다. 이때 절대적인 역할을 한 사람이 바로 영국 정보국 소속 토머스 에드워드 로렌스 Thomas Edward Lawrence입니다. 현역 영국군 장교였던 로렌스는 본래 고고학자 출신으로 아랍Arab세계*에 대해 해박한 지식을 가지고 있어, 주로 아랍 지역에서 스파이 활동을 했습니다.

아랍에서 맹활약을 한 영국 스파이
토머스 에드워드 로렌스

당시 아랍세계는 지난 수백 년 동안 오스만 제국의 식민 지배를 받고 있던 상태로 오스만 제국에 대한 불만이 적지 않았습니다. 아랍과 오스만 제국은 이슬람교를 신봉하는 면에서는 같지만, 인종과 언어적으로는 다르기 때문에 서로 적지 않은 이질

* 주로 아랍어를 사용하고 이슬람교를 믿는 지역을 뜻하며, 아라비아반도에서 북아프리카에 이르는 지역을 포함한다.

감을 가지고 있었습니다. 로렌스는 바로 이 점을 이용해 아랍과 오스만 제국 사이에 갈등을 조장하기로 했습니다.

1916년 초 로렌스는 영국 정부에 보낸 편지에서 '오스만 제국을 무너뜨리기 위해서는 아랍 민족을 부추겨 폭동과 무장투쟁을 일으켜야 하며, 오스만 제국이 무너진 후에는 아랍세계가 단결하지 못하도록 아랍 지역을 갈기갈기 찢어 놓아야 합니다. 역사적으로 극심한 대립과 반목을 계속하던 민족들을 함께 묶어 나라를 세우면 갈등이 끊이지 않을 것이고, 아랍 전체를 대결의 장으로 몰아넣으면 아랍 지역에 강력한 통일국가가 등장할 수 없을 것입니다. 아랍이 분열과 반목을 지속한다면 그 틈을 파고들 수 있기 때문에 영국이 아랍세계를 지배하기가 한층 쉬울 것입니다.'라고 주장했습니다. 로렌스는 오스만 제국이 무너진 이후의 아랍세계까지 구상하고 있었는데, 이는 모두 영국의 이익을 위해서일 뿐이었습니다.

영국 정부는 로렌스의 분열정책 제안을 흔쾌히 받아들여, 그에게 작전 수행에 관한 전권을 위임했습니다. 정부의 전폭적인 지원 아래 자신의 뜻을 마음껏 펼칠 수 있게 된 로렌스는 본격적인 활동에 나섰습니다. 그는 아랍 지역에서 가장 큰 영향력을 가지고 있는 가문들을 찾아다니며 오스만 제국을 상대로 무장봉기를 일으키도록 부추겼습니다.

로렌스는 이슬람교를 정립시킨 예언자 무함마드의 후손들을 포함해 다양한 사람을 만나며 감언이설을 늘어놓았습니다. 그는 만나는

아랍인의 반란을 부추긴 영국

사람들에게 "오스만 제국을 무너뜨리는 데 도움을 준다면 전쟁이 끝
난 후 반드시 독립국가를 세워 주겠다."라고 약속하며 영국 편에 서
서 참전할 것을 요구했습니다.

　아랍인들 입장에서 볼 때 영국 측에 선다는 것은 결코 쉬운 일이
아니었습니다. 영국은 기독교 국가로서 이슬람을 신봉하는 자신들
과 결코 섞일 수 없는 관계이지만, 오스만 제국은 종족은 다르더라도
같은 무슬림이기 때문에 배반하기가 쉽지 않았습니다. 이슬람교를
신봉하는 무슬림은 인종이나 지역에 상관없이 모두 형제이기 때문
에 아랍이 오스만 제국을 공격하는 것은 형제의 등에 칼을 꽂는 일
과 다를 바 없어 종교적으로 용서받을 수 없는 행위였습니다.

그런데도 아랍인들은 로렌스의 감언이설에 넘어가 오스만 제국과 싸우기로 결정한 후, 대규모 폭동을 일으키고 연합군에 참전해 영국을 힘껏 도왔습니다. 특히 팔레스타인 지역에 살던 무슬림은 독립국가를 세울 수 있다는 기대 속에 열성적으로 영국을 도왔습니다.

오스만 제국은 자국 영토였던 아랍 지역에서 대규모 반란이 일어나자, 이를 진압하는 데 국력을 쏟아야 했기에 연합군과의 전투에 전력을 집중할 수 없었습니다. 결국 오스만 제국은 내우외환에 시달리며 급속도로 무너져 갔습니다. 그 사이 영국은 또 다른 음모를 꾸미기 시작했습니다.

영국은 제1차 세계대전을 치르면서 석유의 중요성을 깨닫기 시작했습니다. 제1차 세계대전을 기점으로 석탄을 연료로 사용하던 군함

석유의 중요성이 처음으로 부각된 제1차 세계대전

들이 기름을 사용하기 시작했고, 신무기로 등장한 탱크와 비행기도 모두 기름을 사용했습니다. 미래에는 석유자원 확보 없이는 전쟁을 치를 수 없다는 사실을 간파한 영국은 종전 후 아랍 지역에 매장되어 있는 석유를 차지하기 위해 은밀하게 움직이기 시작했습니다.

영국은 아랍 지역 전체를 영국 식민지로 만들고 싶어했지만, 동맹국 프랑스가 빤히 쳐다보고 있기 때문에 혼자 몽땅 차지할 수가 없었습니다. 이에 영국은 종전 후 아랍 지역을 두 나라가 사이좋게 나눠 갖자고 프랑스에 제안했고, 프랑스도 이 제안을 흔쾌히 받아들였습니다. 이내 영국 외교관 대표 마크 사이크스Mark Sykes와 프랑스 외교관 대표 조르주 피코George Picot가 은밀히 만나 아랍 지도를 펼쳐 놓고 것인가 지역을 어떻게 나눠 가질 것인가 협상을 벌였습니다.

아랍을 나눠 갖기 위한 협상에 나선
영국의 마크 사이크스

아랍을 나눠 갖기 위한 협상에 나선
프랑스의 조르주 피코

고등판무관 헨리 맥마흔

영국은 두 나라가 협상을 하고 있다는 사실이 외부로 새어 나가지 않도록 많은 신경을 썼습니다. 아랍 민족이 영토 분할 계획을 눈치 채지 못하도록 하기 위해 이집트 주재 고등판무관*인 헨리 맥마흔Henry McMahon을 이용했습니다. 당시 헨리 맥마흔 고등판무관은 아랍인들로부터 상당한 신뢰를 받던 인물이었습니다. 그는 아랍세계의 지도자 알리 빈 후세인Ali bin Hussein에게 10여 차례 편지를 보내 영국은 아랍세계의 독립을 지원할 것이라는 거짓말을 했습니다. 아랍인들은 영국 고위 관리의 약속을 철석같이 믿고 무려 10만 명 넘는 전사자가 나올 정도로 오스만 제국과 열심히 싸웠습니다.

영국은 아랍 민족을 감쪽같이 속이면서 동시에 프랑스와 협상을 지속했습니다. 1916년 5월 마침내 '사이크스-피코 협정'이 체결되었습니다. 이 협정에서 이라크와 요르단은 영국이, 시리아와 레바논은 프랑스가 각각 차지하고, 팔레스타인 지역은 공동으로 관리하기

---

* 보호국이나 점령국에 파견되어 조약체결 · 외교교섭 등의 특별한 임무를 맡아 보는 관리.

로 결정되었습니다.

영국과 프랑스는 지도 위에 자를 대고 선을 그어 자신들의 입맛에 맞게 아랍세계를 나누었습니다. 이로 인해 아랍세계는 훗날 극심한 고통을 겪어야 했습니다. 아랍세계는 다른 지역보다 종교적·민족적 색채가 뚜렷했지만 영국과 프랑스는 이를 전혀 고려하지 않았습니다. 이슬람교 양대 계파인 수니파와 시아파는 서로 앙숙지간이라 같이 있으면 끊임없이 싸움을 하기 마련입니다. 그런데 영국에 의해 다수의 시아파와 소수의 수니파가 섞인 상태로 이라크가 만들어졌습니다. 이와 반대로 프랑스는 소수의 시아파와 다수의 수니파가 섞인 시리아를 탄생시켰습니다.

영국은 아랍 민족에게는 독립을 시켜주겠다는 약속을 하고, 프랑스와는 아랍을 나눠 갖자는 협정을 맺어 양다리를 걸쳤습니다. 그런

유대인들에게 독립을 약속한 팔레스타인 지역

데 이것으로도 모자라 얼마 후 유대인들과 또 다른 약속을 하며 세 다리 걸치기에 나섰습니다.

제1차 세계대전이 시작될 무렵, 영국은 전쟁이 불과 몇 달이면 끝나리라고 예측했습니다. 그동안 유럽에서 벌어진 전쟁 대부분이 수개월 내에 끝이 났고, 길어야 1년 안쪽에서 마무리되었기 때문에 전쟁이 수년 동안 이어지리라고는 예상하지 못했습니다. 전쟁이 일어난 지 3년째인 1917년에 접어들자 영국 정부는 재정이 악화될 대로 악화되어 파산 위기에 몰렸습니다.

궁지에 몰린 영국 정부가 고안한 해결책은 전 세계 돈줄을 쥐고 있던 유대인의 도움을 받는 것이었습니다. 유대인은 유럽과 미국의 금융 산업을 쥐락펴락하면서 천문학적인 돈을 마음대로 움직일 수 있는 민족이었습니다. 또한 미국에 살고 있던 유대인은 금융 산업뿐 아니라 거의 모든 분야에서 막대한 영향력을 행사하고 있었기 때문에 미국을 전쟁에 끌어들이려면 유대인에게 잘 보일 필요가 있었습니다.

영국 정부는 전쟁 기간 내내 유대인 지도자들을 쫓아다니며 금전적인 도움을 요청했고, 그 대가로 팔레스타인 지역에 유대인 국가를 세

영국 외무장관 아서 밸푸어

유럽의 돈줄을 쥐고 있던 로스차일드 가문

워 주기로 약속했습니다. 지난 2,000년 동안 전 세계를 떠돌며 온갖
박해를 받아 온 유대인에게 영국 정부가 제시한 독립국가 건설이라
는 약속은 그 무엇보다도 큰 효력을 발휘했습니다.

유대인은 영국에 전쟁비용을 대주고 미국의 참전에도 적지 않은
영향을 미치면서 영국 정부를 기쁘게 해 주었습니다. 1917년 영국 외
무장관 아서 밸푸어Arthur Balfour는 유럽 최고의 부자이자 유대계 영국인
은행가 로스차일드Rothschild 경*에게 보낸 편지에서 팔레스타인 지역에
유대인 국가를 세워 주기로 공개적으로 약속했습니다. 이른바 '밸푸

---

* 영국에서, 귀족의 작위를 받은 이를 높여 부르는 말.

어 선언'이라고 불리는 영국과 유대인과의 약속은, 팔레스타인 지역의 무슬림에게 먼저 약속했던 독립국가 건설과는 정면 배치되는 것으로서 있을 수 없는 일이었습니다.

이처럼 영국은 제1차 세계대전 기간 중 세 다리 걸치기를 하면서까지 자국의 이익을 지키려고 했습니다. 이로 인해 훗날 아랍 지역에서 수많은 분쟁이 생겨났습니다. 아랍세계는 끊임없는 종교 갈등을 겪으며 내전에 휩쓸리게 되었습니다. 나아가 내전의 혼란을 틈타 오늘날 국제 테러 단체인 이슬람국가⑤가 독버섯처럼 자라나면서 전세계를 공포의 도가니로 몰아가고 있습니다. 아랍 지역이 분쟁의 화약고가 된 데는 제1차 세계대전 기간 중 영국과 프랑스가 저지른 영토 분할이 가장 중요한 요인이 되었지만 한 번 정해진 국경을 바꾸기란 불가능했습니다.

오스만 제국의 '아르메니아 대학살'

오스만 제국은 갈리폴리 전투에서 대승을 거둔 이후 영국의 무력 침공과 분열정책에 휘말려 계속해서 고전을 면치 못했습니다. 오스만 군대는 연합군과의 전투에서 연전연패를 하며 사기가 바닥을 치자 집단 광기를 보이기 시작했습니다. 오스만 군대를 이끌던 장군들은 자신의 무능함을 탓하는 대신 분풀이 대상을 찾아 희생양으로 삼으려 했습니다.

이때 오스만 장군들에 의해 희생양으로 선택된 민족이 바로 아르

노아의 방주가 표착한 곳이라 전해지는 터키 동부의 아라라트산

메니아 사람들입니다. 아르메니아 민족은 아주 오래전부터 성경 속 '노아의 방주'* 이야기로 유명한 곳인 오늘날의 터키 동부 지역에 거주하면서 독자적인 문화를 간직해 왔습니다. 이들은 이슬람교를 신봉하는 여느 소아시아 국가들과 달리 기독교를 믿었습니다.

아르메니아는 기원 후 301년 세계 최초로 기독교를 국교로 받아들인 나라로서 유럽 국가보다 더 빨리 기독교에 눈을 떴습니다. 이로 인해 아르메니아는 인근의 소아시아 이슬람 국가들에 의해 엄청난 핍박을 받아 왔습니다. 소아시아 국가들은 지역 내 유일한 기독교 국가인 아르메니아를 정복하기 위해 침략을 거듭했지만, 끝내 아르메

---

* 구약성서 속 노아가 신의 계시를 받고 만든 방주. 신이 세상을 물로 심판하기 전 노아에게 가족과 동물을 실을 방주를 만들라고 명령하자 그대로 따라서 살아남았다고 전해진다.

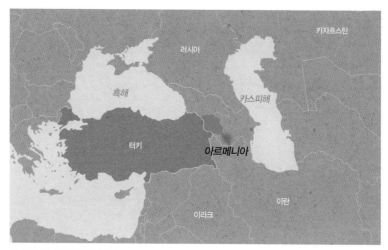
터키 동부에 위치한 아르메니아

니아 민족을 이슬람식으로 만드는 데 실패했습니다.

16세기에 오스만 제국이 아르메니아를 정복하면서 식민지로 전락했지만 아르메니아 사람들은 기독교 신앙을 유지한 채 오스만 제국 사람들보다 훨씬 수준 높은 생활을 누렸습니다. 그들은 뛰어난 사업 수완으로 상권을 장악하며 부를 거머쥐었지만, 같은 지역의 무슬림들은 빈곤층에서 벗어나지 못하는 경우가 많았습니다. 아르메니아인과 무슬림 간의 현격한 빈부 차이는 무슬림의 질투심을 유발했고, 이는 소수 민족인 아르메니아인에 대한 탄압으로 이어졌습니다.

17세기 말부터 러시아는 주변 모든 민족에게 탄압받는 아르메니아에 접근해 긴밀한 관계를 맺기 시작했습니다. 러시아 역시 기독교를 신봉했기 때문에 양국은 쉽게 친해질 수 있었고 이후 러시아는 아르메니아와 좋은 관계를 계속 유지하며 후원국 역할을 톡톡히 해

기독교 문명을 가진 아르메니아

사살 후 숲에 매장된 아르메니아 남성들

오스만 제국에 의해 파괴된 아르메니아

주었습니다.

　제1차 세계대전 발발 당시 오스만 제국에 거주하고 있던 아르메니아인은 200만 명을 족히 넘어 나름대로 큰 세력을 이루고 있었습니다. 하지만 오스만 제국은 전쟁이 한창이던 1915년부터 외부 몰래 아르메니아 사람들에 대한 탄압의 강도를 높이기 시작했습니다. 오스만 제국은 아르메니아 사람들이 적국인 러시아에 도움을 주고 있다고 몰아세우며 학살에 나섰습니다. 평소 오스만 제국으로부터 독립을 갈망하던 아르메니아 젊은이 중 일부가 러시아 편에 서서 게릴라 활동을 벌이기도 했지만 대다수의 아르메니아 사람은 여느 때처럼 각자의 본분에 충실했습니다.

지금도 계속되는 아르메니아 피해자의 유해 발굴

그러나 오스만 제국은 마치 모든 아르메니아인이 러시아의 동조
자인 것처럼 조장하며 마땅히 죽어야 할 민족으로 몰아붙였습니다.
18세 이상 50세 이하의 모든 아르메니아 남성은 징집 대상이 되어
오스만 군대에 입대해야 했습니다. 군에 강제 입대한 아르메니아 남
성들은 군사훈련을 받는 것이 아니라, 공사장에 끌려다니며 노동을
하다가 때가 되면 오스만 군대에 의해 모조리 학살당해 은밀하게 땅
속에 매장되었습니다. 오스만 군인들에게 학살당한 아르메니아 남
성들은 대부분 전사 또는 실종 처리되어 그들을 기다리던 가족들은
시신조차 찾을 수 없었습니다.

아르메니아 남성들에 대한 학살이 어느 정도 마무리되자, 이번에
는 부녀자와 아이들에 대한 학살에 나섰습니다. 오스만 제국은 부녀

자와 아이들을 빈손으로 사막으로 내쫓았습니다. 35만 명이 사막으로 추방되었지만 살아서 이웃 나라 시리아에 도착한 사람은 35명에 불과했을 만큼 사막으로의 추방은 살인무기를 이용해 죽이는 학살과 다를 바 없었습니다. 사막으로 쫓겨난 아르메니아 사람들은 극심한 갈증과 굶주림으로 고통받다가 앙상한 살가죽만 남긴 채 굶어 죽었습니다.

제1차 세계대전 이전에 200만 명이 훨씬 넘던 아르메니아 사람의 수가 전쟁이 끝날 무렵에는 불과 48만 명에 불과해 인구의 75%가 사라지고 말았습니다. 제1차 세계대전 중 오스만 제국 군대에 의해 벌어진 150만 명에 달하는 아르메니아인 대학살은 그 수법이나 학살자 수로 따져 보아도 엄청나게 큰 사건이지만, 역사적 규명이 제대로 되지 않은 사건으로 남았습니다. 이는 아르메니아인 대학살이 오스만 제국 정부 차원에서 치밀하게 계획되고 진행된 사건으로서, 종전 후에도 철저히 진상이 은폐되었기 때문입니다.

훗날 제2차 세계대전을 일으켜 600만 명이 넘는 유대인을 학살한 나치 독일의 아돌프 히틀러는 측근들에게 "지금 누가 아르메니아인 대학살을 기억하고 있는가?"라고 반문하면서 유대인을 대량 학살하더라도 별문제가 없을 거라고 주장했습니다.

만약 종전 후 아르메니아인 대학살에 관여했던 오스만 제국 당국자들을 전범재판소에 세워 그들이 저지른 죄에 대한 합당한 처벌을 했다면, 유대인 대학살이 일어나지 않았을 것이라고 주장하는 역사가가 많습니다.

러시아의 철수

러시아 황제 니콜라이 2세는 황실에 대한 국민들의 불만을 외부로 돌리고 더불어 전리품을 차지하려고 제1차 세계대전에 참전했지만, 전황은 시간이 흐를수록 러시아에 불리하게 돌아갔습니다. 러시아는 1,500만 명 이상의 젊은이를 징집해 전쟁터에 내보냈지만 패전을 거

제1차 세계대전 동안 최대의 사망자를 낸 러시아군

듭하며 애꿎은 인명손실만 늘려 나갔습니다.

러시아군의 연전연패는 지도층의 부정부패와 산업 생산력 부족이라는 내부 문제 때문이었습니다. 제1차 세계대전에 참전한 영국·프랑스·독일·미국·일본 등 대부분의 선진국은 산업혁명에 성공해 전쟁 수행에 필요한 군수물자를 충분히 생산할 수 있는 기반을 갖추고 있었습니다. 하지만 전쟁 당시 후진 농업국가에 지나지 않았던 러시아는 산업 생산능력이 크게 떨어져 전쟁 수행에 필요한 군수물자의 3분의 1도 생산하지 못하는 상태였습니다.

그나마 생산된 군수물자의 상당량이 불량품이라 최전방에서 전쟁을 치르는 군인들을 더욱 곤혹스럽게 만들었습니다. 함량 미달의 화약이 포함되어 있는 대포는 적군에게 별다른 피해를 주지 못했으며,

소총 역시 총알이 나가지 않는 불량품이 수두룩했습니다. 군화는 신은 지 며칠 만에 밑창이 떨어져 나가 군인들은 추운 겨울철에 동상에 시달렸습니다.

막강한 중화기로 무장한 독일군 앞에서 러시아 병사들은 쓸모없는 총과 대포 대신 칼을 들고 적진으로 뛰어드는 무모한 전투를 치러야 했습니다. 전투가 끝날 때마다 무수히 많은 러시아군 전사자가 쏟아져 나왔습니다. 사태가 악화될수록 니콜라이 2세에 대한 국민들의 반감은 커졌습니다.

제정 러시아의 국가적 역량으로는 전쟁을 더 이상 수행할 수 없는 처지였지만, 승전할 경우 얻게 될 전리품에 눈이 먼 니콜라이 2세는 전쟁을 그만둘 생각이 전혀 없었습니다. 더욱이 러시아 군대에 군수

러시아군을 이끌며 격려의 말을 건너는 니콜라이 2세

물자를 공급하는 사회 지도층에 뇌물을 뿌리며 전쟁이 계속되도록 분위기를 만들어 갔습니다.

1915년 8월 니콜라이 2세는 패전을 거듭하는 러시아군을 구하겠다는 대의명분을 내세우며 러시아군 총사령관 니콜라이 니콜라예비치Nikolai Nikolayevich를 전격 해임하고 스스로 군 최고사령관직에 올라 전선으로 홀연히 떠났습니다.

황제가 직접 군대를 이끌게 된 데는 요승 라스푸틴의 보이지 않는 음모가 숨어 있었습니다. 니콜라이 니콜라예비치는 황제의 사촌으로 강직한 성품의 소유자였습니다. 그는 러시아를 망치는 라스푸틴의 행동에 분개해 황제에게 수시로 올곧은 소리를 했습니다. 라스푸틴은 바른 소리를 잘하고 군권을 쥐고 있는 니콜라예비치를 견제하기 위해 사악한 음모를 꾸몄습니다.

러시아를 몰락으로 몰아간 라스푸틴

라스푸틴은 알렉산드라 황후를 찾아가 신으로부터 "니콜라예비치를 해임하고 황제가 직접 군대를 이끌어야 전쟁에서 승리할 수 있다."는 계시를 받았다고 말했습니다. 물론 그의 주장은 모두 꾸며낸 거짓말에 지나지 않았지만 라스푸틴을 신처럼 떠받들던 황후에게는 거역할 수 없는 신의 계시처럼 여겨졌습니다.

황후의 건의에 따라 러시아군을 이끌기 위해 황제가 궁을 비우고 전쟁터로 떠난 후, 라스푸틴은 사실상 러시아의 최고 실권자가 되었습니다. 하고 싶은 일이 있을 때 황후에게 신의 계시라고 말하면 아무런 제재도 받지 않고 그냥 통과되었고, 황후가 전쟁터에 있는 남편에게 편지를 보내 재가를 받으면 모든 것이 라스푸틴의 뜻대로 되었습니다.

라스푸틴은 매관매직·금품 수수·방탕한 사생활 등 타락한 인간이 저지를 수 있는 온갖 전횡을 일삼으며 러시아의 근간을 흔들어 놓았습니다. 이에 분노한 러시아 국민들은 라스푸틴과 황실에 반대하는 시위를 벌였지만, 그때마다 황실은 군대와 경찰을 동원해 탄압을 일삼았습니다. 수도 상트페테르부르크 거리마다 시국을 비판하는 벽보들로 넘쳐났으나, 황실은 국민들의 소리에 귀를 틀어막았습니다.

시간이 흐를수록 가뜩이나 모자라던 생활필수품은 군수물자 생산에 우선순위가 밀려 더욱 부족해졌습니다. 효과적인 대정부 투쟁을 위해 단결의 필요성을 느낀 러시아 노동자들은 '소비에트Soviet'라는 단체를 만들어 조직적인 투쟁에 나섰습니다. 위기가 고조되자 황제의 어머니가 전쟁터로 달려가 니콜라이 2세에게 라스푸틴의 전횡을 막아야 한다고 열변을 토했지만 황제는 어머니의 말을 듣지 않았습니다. 황제 입장에서는 라스푸틴이 그 무엇보다도 소중한 아들 알렉세이의 병을 낫게 해 준 생명의 은인이었기 때문입니다.

러시아의 운명을 걱정한 황족들은 라스푸틴을 제거하지 않고는 더 이상 국가도 황실도 존재할 수 없다는 현실을 깨닫고 그를 암살하기로 결심했습니다. 황제의 조카사위 유스포프_{Yusupov}가 암살을 주도했는데, 평소 라스푸틴이 자신의 아내인 이리나_{Irina} 공주에게 흑심을 품고 있는 점을 이용했습니다. 이리나 공주 이름으로 된 저녁식사 초대에 라스푸틴은 기꺼이 응했습니다.

1916년 12월 30일 유스포프가 치사량보다 많은 청산가리를 포도주와 빵 등 음식에 넣었지만, 라스푸틴은 죽기는커녕 포도주를 마시고 흥에 취해 춤을 추고 노래까지 불렀습니다. 이번에는 라스푸틴의 심장을 향해 총을 쏘았으나 총알이 빗나가는 바람에, 라스푸틴이 도리어 유스포프에게 달려들어 목을 졸랐습니다. 그 순간 암살에 참여한 주변 사람들에게 엄청나게 두들겨 맞고 기절한 라스푸틴은 밧줄로 꽁꽁 묶여 강물에 던져졌습니다. 며칠 후 그의 시체가 떠오르면서 모든 러시아 사람들이 라스푸틴이 죽었다는 사실을 알게 되었습니다.

전횡을 일삼다가 처참하게 살해된 요승 라스푸틴은 죽기 얼마 전 황제에게 한 통의 편지를 남겼습니다. 그는 편지에서 '나는 1917년 1월 1일이 오기 전에 죽게 될 것입니다. 만약 평민의 손에 죽임을 당한다면 황제의 자손이 대대손손 러시아를 통치하게 될 것입니다. 그

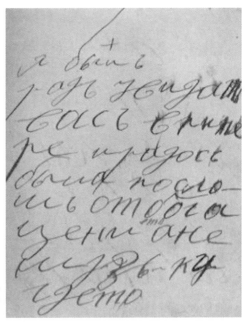

자신의 죽음과
로마노프 왕조의 붕괴를 예언한
라스푸틴의 편지

러나 왕족이나 귀족 손에 죽임을 당한다면 로마노프 왕조는 2년 안에 무너질 것입니다. 황제의 가족 역시 모두 몰살당할 것입니다.'라고 예언했습니다. 훗날 실제로 라스푸틴의 예언대로 로마노프 왕조는 2년 안에 붕괴되고 말았습니다.

국정을 농단하던 라스푸틴이 죽은 후 국민들은 러시아에 변화의 바람이 불어올 것으로 기대했지만 러시아 황실은 전혀 변하지 않았습니다. 니콜라이 2세는 여전히 국력을 전부 전쟁에 쏟아부었고, 러시아군은 전투에서 연전연패하며 희생자만 늘어났습니다.

1917년 3월 니콜라이 2세 황제의 폭정을 규탄하는 대규모 시위가

정부에 불만을 표시하기 위해 길거리에 나선 사람들

벌어졌습니다. 추위와 굶주림에 지친 국민들은 "빵과 평화를 달라."
는 구호를 연신 외치며 전쟁을 끝낼 것과 생존권 보장을 요구하며
황궁으로 몰려들었습니다. 황제는 지난번처럼 시위자를 모두 죽이
라는 명령을 내렸으나, 이번에는 진압군이 황제의 지시에 따르지 않
았습니다. 군인들은 오히려 시위대와 합류해 황실을 무너뜨리는 데
앞장섰습니다.

　시위대가 황궁으로 들이닥치자 민심을 완전히 잃은 황제와 황후
는 피할 곳조차 없었습니다. 황제 가족은 시위대에 체포되어 감금되
었고 러시아에는 지식인과 부유한 자본가로 구성된 임시정부가 들
어섰습니다. 하지만 새로 들어선 임시정부의 정책 역시 니콜라이 2

세의 국정운영과 전혀 다를 바 없었습니다. 국민들은 임시정부에 종전을 강력히 요구했지만, 자본가 출신 지도자들이 반대하면서 전쟁은 계속되었습니다.

차르 체제가 무너진 혼란스러운 사태를 유심히 지켜보던 독일은 러시아가 전쟁을 포기하도록 하기 위해 기발한 계획을 세웠습니다. 당시 중립국 스위스에서는 러시아의 혁명가 블라디미르 레닌이 오래전부터 망명생활을 하고 있었습니다. 독일은 레닌을 은밀히 러시아로 보내 전쟁을 지지하는 임시정부를 무너뜨리려는 작진에 돌입했습니다. 임시정부만 붕괴되면 러시아는 전쟁에서 발을 뺄 것이고 독일은 동부전선에서 더 이상 러시아와 싸울 필요가 없게 됩니다. 그러면 동부전선에 있던 병력을 서부전선으로 투입해 전세를 유리하게 만들 수 있다는 것이 독일의 생각이었습니다.

다만 독일 정부는 강력한 공산주의자였던 레닌이 독일에 공산주의를 퍼뜨리지 못하도록 특별한 조치를 취했습니다. 스위스에서 출발해 독일을 거쳐 러시아로 가던 레닌이 도중에 독일 사람과 접촉할 수 없도록 열차를 밖에서 봉쇄했습니다. 이른바 밀봉열차The Sealed Train를 타고 1917년 4월 제정 러시아에 도착한 레닌은 독일의 바람대로 노동자 단체인 '소비에트'를 규합해 임시정부 타도에 나섰습니다.

레닌은 독일 정부로부터 몰래 받은 막대한 금액의 정치자금을 적절히 활용하며 조직적인 반정부 투쟁을 벌였습니다. 1917년 10월 드디어 그는 임시정부를 무너뜨리고 러시아에 '소비에트 연방'이라

밀봉열차를 타고 러시아에 도착하는 레닌

는 세계 최초의 노동자 중심 공산주의 국가를 세웠습니다.

레닌은 제정 러시아를 공산주의 소련으로 바꾼 후 황제 가족을 우
랄산맥 인근 외진 곳으로 유배를 보내 철저히 감시했습니다. 하지만
황제를 따르던 측근들이 세력을 규합해 로마노프 왕조 복원에 나서
자, 이듬해 황제 가족을 모두 처형했습니다. 레닌이 보낸 군인들은
황제와 황후, 외아들 알렉세이 그리고 4명의 공주 모두를 한곳에 몰
아넣고 총을 난사해 살해했습니다. 그리고 시신을 인근 광산으로 옮
긴 뒤 기름을 뿌려 형체도 알아볼 수 없도록 불태웠습니다. 이로써
304년간 이어져 내려온 로마노프 왕조는 허망하게 막을 내리며 역
사의 뒤안길로 사라졌습니다.

러시아에 공산주의 정권이 세워졌다는 소식을 접한 영국 정치인
윈스턴 처칠은 하루빨리 레닌을 제거해야 한다고 생각했습니다. 처
칠은 공산주의를 '인류의 전염병'으로 규정하고 연합국 수뇌부에

로마노프 왕조 붕괴에 핵심 역할을 한 소비에트 대표들

로마노프 왕조 타도에 앞장선 군인들

세계 최초의 공산국가인 소련이 된 러시아

공산주의자들에 의해 처형되는
니콜라이 2세 일가

"러시아혁명이라는 아기가 요람에 있을 때 목을 졸라 죽이자."고 제안했지만 받아들여지지 않았습니다. 독일과 싸우기에도 버거운 상황에서 러시아와 추가로 전쟁을 벌이는 일은 너무 힘에 부쳤기 때문입니다.

독일의 도움으로 공산주의 혁명에 성공한 레닌은 권력

공산주의를 박멸해야 한다고 주장한 윈스턴 처칠

을 잡자마자 즉각 종전을 선언하고 동부전선에 있던 러시아 대군을 일제히 철수시켰습니다. 동부전선에서 러시아군의 위협이 사라지자, 독일은 전 병력을 서부전선에 집중시켜 연합군을 압박하기 시작했습니다. 하나로 합쳐진 독일군의 전력은 막강해졌고 연합군과의 전투에서 연승을 거두며 전세를 유리한 방향으로 이끌어 갔습니다.

미국의 참전

연합군 수뇌부는 제1차 세계대전이 일어날 당시부터 미국의 참전을 강력히 요구했습니다. 미국 내부에서도 영국계 미국인은 연합국의 일원으로 참전할 것을 요구했으나, 가장 많은 인구를 차지하는 독일계는 참전을 결사반대했습니다. 그리고 나머지 미국인들은 전쟁에 별다른 관심을 두지 않았습니다.

　미국 입장에서 볼 때 제1차 세계대전은 선과 악의 대결이 아닌 유럽 열강들의 이권 싸움에 지나지 않았습니다. 유럽 대륙의 이권 다툼에 미국 젊은이들을 희생시킬 이유가 전혀 없었던 미국으로서는 참전이 고려의 대상조차 아니었습니다. 미국은 참전 대신 연합국에 달러를 빌려주고 비싼 이자를 받아 한몫 단단히 챙겼으며, 군수산업체는 무기를 팔아 막대한 돈을 벌어들였습니다. 중립적 위치에 서 있던 미국은 연합군뿐 아니라 독일에도 은밀히 군수물자를 공급하며 전쟁이 장기전으로 가는 데 적지 않은 영향을 미쳤습니다.

　연합국 측은 참전에 무심하며 실리 챙기기에 급급하던 미국을 전쟁에 끌어들이기 위한 묘책 마련에 부심하던 중, 독일군의 비밀 전보문을 가로채는 데 성공했습니다. 당시 독일의 암호학자들은 해독하기 불가능할 정도로 복잡한 숫자 형태의 암호를 사용했습니다. 영국 정보부는 독일이 사용하는 암호를 풀기 위해 암호학자·수학자·언어학자 등 900여 명의 암호 전문가를 모아 암호해독팀을 만들어 운영했습니다. 하지만 독일이 사용하는 암호는 매우 정교하게 만들어져 전쟁 기간 내내 풀리지 않고 있었습니다.

　영국은 전쟁 시작 직후 독일이 바다 밑바닥에 깔아 놓은 케이블을 모두 끊었습니다. 독일은 할 수 없이 전적으로 무선통신에 의존해야 했는데, 주파수를 이용하는 무선통신은 적에게 노출되기 쉽다는 치명적인 약점이 있었습니다. 이 때문에 독일군은 모든 전보문을 암호로 발송했습니다.

1917년 영국 정보부는 침몰한 독일 전함에서 발견한 암호해독집을 통해 독일 전보문을 모조리 풀어냈습니다. 1917년 1월 16일 독일 외무부 장관 아르투르 치머만_{Arthur} _{Zimmermann}이 멕시코 주재 독일 대사에게 보낸 비밀 전보문에는 '멕시코가 미국을 침

독일 외무부 장관 아르투르 치머만

공할 경우 독일이 적극적으로 돕겠다.'라는 내용이 들어 있었습니다. 이 계획을 사전에 알게 된 영국은 2월 말경 미국 제28대 대통령 우드로 윌슨_{Woodrow Wilson}에게 해당 전보문을 전달했습니다.

영국이 미국에 제공한 전보문 내용은 미국을 자극하는 데 충분히 효과적이었습니다. 1830년대부터 미국은 멕시코 땅을 야금야금 차지하면서 오늘날의 거대 나라를 만들었습니다. 캘리포니아·뉴멕시코·애리조나·텍사스 등 미국 영토의 상당 부분이 과거에는 멕시코 땅이었습니다. 멕시코는 빼앗긴 영토를 되찾기 위해 절치부심하고 있었으며 국경 지역을 자주 침범해 미국을 긴장시켰습니다.

독일은 멕시코가 독일의 지원을 받아 미국을 침략하더라도 미국이 절대로 제1차 세계대전에 참전할 수 없을 것이라는 계산을 하고

우드로 윌슨 미국 대통령

있었습니다. 그래서 멕시코 주재 독일 대사에게 전보문을 보내 멕시코의 미국 침공을 부추기도록 하려고 했는데, 이 사실이 영국 정보부에 발각되면서 화를 불러왔습니다. 미국의 우드로 윌슨 대통령은 멕시코가 독일과 힘을 합쳐 미국의 등 뒤에서 칼을 꽂을지 모른다는 불안감에 사로잡혀 참전을 결정했습니다.

1917년 3월 1일 우드로 윌슨 대통령은 독일 외무부 장관의 전보문을 언론에 공개하며 국민들에게 뜻을 물었습니다. 당시 미국의 참전을 가장 원한 사람들은 공장을 소유한 자본가였습니다. 이들은 미국이 참전하게 될 경우 군수물자 생산으로 막대한 이윤을 남길 수 있다고 생각해 언론을 통해 참전 분위기를 이끌어 갔습니다. 언론이 미국의 참전을 독려하고 나서자 국민들도 참전으로 돌아섰고, 1917년 4월 의회는 미국의 제1차 세계대전 참전을 정식으로 승인했습니다. 미국의 참전 결정은 사실상 연합군의 승리를 의미했습니다.

미국은 순식간에 200만 명이 넘는 대군을 모집하고 각종 무기를 대량으로 생산하면서 전쟁 준비에 들어갔습니다. 대군을 움직여 전쟁에 참여하는 데는 적지 않은 시간이 필요했습니다. 전투 경험이 전혀 없는 신병들에게 기본적인 군사훈련을 시키는 데만 몇 달이 필요했고, 전함을 건조하는 데도 시간이 걸렸습니다. 미군은 참전을 선언한 이듬해인 1918년이 되어서야 유럽 전쟁터에 발을 들일 수 있었습니다.

독일은 미군이 유럽에 상륙하기 이전에 전쟁을 마무리하려고 필사적인 대공세를 펼쳤지만, 연합군은 독일군의 맹렬한 공격을 그럭저럭 막아냈습니다. 1918년 이후 미군이 전선에 본격적으로 투입되

참전을 독려하는
미국 정부의 포스터

마침내 제1차 세계대전에 참전하며 전쟁의 판세를 단번에 바꾼 미국

제1차 세계대전에 참전하는 미국 젊은이

자 오스트리아-헝가리 제국 ·오스만 제국 등 독일과 함께 연합국에 맞섰던 동맹국들은 줄줄이 항복을 선언하며 대오를 이탈했습니다. 하지만 독일의 빌헬름 2세는 독일 국민이 다 죽을 때까지 전쟁을 지속할 작정으로 젊은이들을 전쟁터로 계속 내몰았습니다.

빌헬름 2세의 망명으로 막을 내린 제1차 세계대전

종전 선언이 발표되자 기뻐하는 미군

1918년 여름 이후, 황제의 악행을 보다 못한 독일 국민들은 대대적인 반전시위를 이어 갔습니다. 같은 해 11월 독일 해군이 반란을 일으키자 빌헬름 2세는 자동차를 이용해 이웃 나라 네덜란드로 도망쳤습니다. 1918년 11월 11일 황제가 사라진 독일군이 무조건 항복을 선언하면서 길었던 제1차 세계대전은 대단원의 막을 내렸습니다.

승전국 일본

일본은 유럽보다 산업화에 한참 늦었기 때문에 그만큼 불리한 점도 많았습니다. 산업화에 필요한 자금을 외국에서 빌려 와야 했던 까닭에 정부는 재정적자에 허덕였습니다. 일본 기업들도 대부분의 업종에서 유럽보다 기술력과 브랜드 가치가 떨어져 해외 시장에서 고전하는 경우가 많았습니다. 이처럼 일본은 후발 산업국가로서 재정적자와 무역적자에 시달리며 불안정한 성장을 지속했습니다.

그런데 제1차 세계대전이 일어나면서 유럽이 초토화되자 일본은 100년에 한 번 오기 힘든 기회를 잡았습니다. 영국, 프랑스 등 연합국을 상대로 군수물자를 대거 수출하면서 단숨에 수출대국의 반열에 올랐습니다. 제1차 세계대전으로 인해 세계적으로 선박 부족 사태가 발생하면서 일본의 조선업이 유례없는 호황을 누렸고 철강·화학공업 등 중화학 공업도 발달하기 시작했습니다. 이로 인해 일본은 역사상 처음으로 공업 생산액이 농업 생산액을 넘어서며 명실상부한 산업국가로 자리매김했습니다.

제1차 세계대전이 시작된 1914년 6억 엔에 지나지 않던 일본의 수출액이 전쟁이 끝난 이듬해인 1919년에는 21억 엔으로 대폭 늘어나며 무역수지가 흑자로 돌아섰습니다. 덕분에 일본은 러일 전쟁으로 발생한 국가부채를 모두 갚고 채권국의 지위에 올랐습니다. 게다가 교전국이었던 독일이 아시아에 가지고 있던 식민지까지 차지하면서 일본은 새로운 도약의 발판을 마련했습니다.

제1차 세계대전 이전부터 독일은 중국의 산둥성山東省 산둥반도 남부 해안에 있는 도시 칭다오青島를 청나라로부터 빼앗아 중국 진출의 거점으로 삼고 있었습니다. 일본은 칭다오를 지키던 독일군이 본토 방위를 위해 유럽으로 대부분 떠났을 때, 대군을 파견해 독일의 동양

큰 피해 없이 승전국이 된 일본

함대를 몰아내고 칭다오를 차지했습니다. 또한 남태평양의 지리적 요충지인 독일령 마리아나Mariana · 캐롤라인caroline · 마샬Marshall 군도를 점령하면서 남태평양에 대한 제해권을 확보했습니다.

일본이 유럽 전선에 매진하느라 아시아의 식민지까지 관리할 수 없었던 독일의 허를 찔러 땅을 빼앗자 독일뿐 아니라 다른 유럽 국가들까지도 일본을 향해 '빈집털이범'이라 부르며 경멸했습니다. 하지만 일본 지도자들은 하나같이 "아시아에서 유럽 열강이 빠져나간 지금이 절호의 기회다. 유럽 열강이 빠져나간 자리를 일본이 차지해야 한다."라고 말하며 제1차 세계대전을 계기로 아시아에 대한 침략을 본격화하기 시작했습니다.

하지만 영국을 포함한 유럽 국가들은 영일동맹을 명분으로 참전한 일본이 약탈에만 열중하자 분노하기 시작했습니다. 영국을 필두로 한 연합국이 일본을 향해 빈집털이만 할 것이 아니라, 유럽 전선에 대규모 군대를 파병해 함께 피를 흘리기를 요구했지만 일본은 이런저런 핑계를 대며 군대를 보내지 않았습니다. 1917년 연합국의 계속되는 파병 요구를 거절할 수 없었던 일본은 구축함 8척을 파견해 연합군 선박에 대한 호위임무를 수행하도록 했습니다. 이 과정에서 구축함 한 척이 오스트리아 잠수함의 공격을 받고 침몰하는 바람에 59명의 전사자가 발생했습니다. 하지만 유럽 전선에서 사망한 일본군의 숫자는 도합 78명에 지나지 않았습니다.

일본은 제1차 세계대전 동안 연합군의 승리에 기여한 바가 거의 없고 자국의 이익만 좇았지만 줄을 잘 선 덕분에 승전국의 지위를 누렸습니다. 1919년 일본은 전쟁이 끝난 후 개최된 승전국 모임인 파리강화회의에 승전국의 일원으로 참여해 중국 만주 지역에 대한 우위권을 인정받는 등 적지 않은 전리품을 챙겼습니다. 제1차 세계대전은 일본이 유럽 열강과 어깨를 나란히 할 수 있는 계기가 마련된 전쟁이었습니다.

열리는 미국 시대

제1차 세계대전 이전까지만 해도 유럽은 미국을 얕보았습니다. 미국 역시 유럽을 따라야 할 대상으로 여겨 우러러보았습니다. 하지만 제1차 세계대전은 기존의 역학구도를 단번에 바꾸어 놓았습니다.

유럽 각국은 전쟁 기간 중에 3,000억 달러 넘는 전비를 쏟아부으며 이전까지 이룩한 부를 모두 잃었습니다. 지난 100년 이상의 기간 동안 세계 각지에서 수탈한 재물로 쌓아올렸던 풍요가 폭격과 함께 사라졌고, 전쟁에 참여한 유럽 국가는 모두 빚더미에 앉았습니다.

특히 온 국토가 전쟁의 화마에 휩싸였던 프랑스의 피해가 가장 심각했습니다. 전쟁 기간에 18세부터 27세 사이의 프랑스 남성 인구 중 27% 이상이 전사하는 바람에 전쟁이 끝난 이후에도 프랑스는 한동안 젊은 남성들이 부족해 경제재건에 어려움을 겪었습니다. 영국 역시 전쟁 기간에 국내총생산GDP의 70% 이상을 전쟁비용으로 사용하여 재정파탄 직전에 이르렀습니다.

전쟁으로 막대한 피해를 본 유럽

전쟁으로 가장 큰 피해를 입은 프랑스

연합국의 포로가 된 독일 병사들

독일 제국·오스트리아-헝가리 제국·러시아 제국·오스만 제국 등 전쟁 이전까지만 해도 황제가 다스리던 나라는 국민들의 분노에 못 이겨 왕정이 붕괴되고 공화정으로 바뀌었습니다. 종전 후 유럽 각지에 공화국이 들어서면서 제1차 세계대전은 유럽 대륙에 민주주의가 정착하는 계기가 되었습니다. 오스트리아-헝가리 제국은 연합국에 의해 오스트리아·헝가리·체코로 분리되어 강대국의 지위를 상실했습니다.

오스만 제국 역시 동유럽·중동·북아프리카 등지에 보유하고 있던 식민지를 모두 잃고 터키공화국이라는 작은 나라로 축소되었습니다. 독일은 패전으로 인해 기존의 식민지를 모두 상실했습니다. 과거 프랑스와의 전쟁에서 승전에 대한 대가로 획득했던 알자스-로렌 지역도 프랑스에 빼앗겼으며, 이에 더해 막대한 배상금까지 물어야 하는 처지로 전락했습니다.

이처럼 승전국, 패전국 할 것 없이 제1차 세계대전에 참전했던 모든 유럽 국가가 큰 타격을 입었지만 미국만큼은 예외였습니다. 초토화된 유럽 대륙과 달리 미국은 자국 땅에 포탄 한 발 떨어지지 않아 아무런 피해를 입지 않았습니다. 오히려 전쟁 기간 중 유럽에 막대한 물량의 전쟁물자를 공급하면서 농업국가에서 산업국가로 완전히 탈바꿈해 세계 최대 채권국으로 부상하면서 막강한 영향력을 행사할 수 있게 되었습니다.

종전 후 유럽 국가들은 미국이 주도권을 행사하는 것이 내키지 않았지만 변화된 현실을 받아들여야 했습니다. 제1차 세계대전을 계기로 국제관계에서 주도권을 잡은 미국은 국제 문제에 사사건건 개입하며 패권국으로서의 힘을 전 세계에 과시했습니다. 미국은 제1차 세계대전을 계기로 구축한 막강한 경제력과 군사력을 바탕으로 세계를 주도하면서 미국 중심의 질서를 만들어 갔습니다.

제1차 세계대전은 미국 여성의 인권 신장에도 지대한 역할을 했습니다. 전쟁 기간 내내 미국 여성들은 군수공장에서 일하며 전쟁물자 생산에 앞장섰습니다. 정치 지도자들은 전쟁물자의 원활한 공급을 가능케 한 여성들의 공헌을 인정하지 않을 수 없었습니다.

1920년 미국의 여성들은 전쟁에 기여한 대가로 참정권을 얻게 되면서 남성과 동등한 유권자의 지위를 획득했습니다. 더구나 군수물자를 생산하던 공장에서 세탁기·냉장고 등 다양한 가전용품이 대량으로 생산되면서 여성이 가사노동에서 해방되어 직업을 갖는 사회현상이 생겨났습니다.

제1차 세계대전은 미국에는 엄청난 혜택을 가져다 준 축복과 다름없는 일이었습니다. 다만 영국과 프랑스 등 승전국들이 독일을 응징하기 위해 부과한 막대한 금액의 전쟁배상금은 시간이 흐르면서 더 큰 파국의 불씨가 되었습니다.

무기 제조에 투입된 여성들

프랑스 열차에서 항복 문서에 서명한 독일

    승전국이 패전국 독일에게 지나치게 많은 전쟁배상금을 물린 탓에 독일 경제는 파탄 날 지경에 이르렀습니다. 길거리에는 실업자가 넘쳐났으며 굶어 죽는 사람까지 생겨날 정도로 독일 국민의 형편이 어려워졌습니다. 시간이 흐를수록 독일 국민들의 마음속에는 전쟁을 일으킨 죄책감보다 현실적인 고통으로 인한 분노만이 쌓여 갔습니다. 이처럼 제1차 세계대전은 뒤처리 과정에서 큰 응어리를 남겼고 이는 훗날 제2차 세계대전이라는 비극을 잉태하게 되었습니다.

세계를 통찰하는 지식과 교양 〈**세계통찰**〉 시리즈

미국

세계통찰 미국 ⑬

전쟁으로 일어선 미국 1
시련과 고비를 딛고 일어서다
독립 전쟁부터 제1차 세계대전까지

2021년 6월 1일 1판 1쇄 발행

지은이	한솔교육연구모임
펴낸이	권미화
편집	김시경
디자인	김규림
마케팅	조민호
펴낸곳	솔과나무
출판등록	제2018-000340호
주소	서울시 마포구 독막로 266, 111-901
팩스	02-6442-8473
블로그	http://blog.naver.com/solandnamu
트위터	@solandnamu
메일	hsol0109@gmail.com

ISBN   979-11-90953-13-9 44300

979-11-967534-0-5 (세트)